ホットクックで作る ときめき アジアごはん

阪下千恵

はじめに ❀

　毎日のおかず作りに大活躍のホットクック。今回は、日常から半歩飛び出て、“旅行気分を少し味わえるアジアごはん”がテーマです。

　食べ慣れた定番の味もほっとするおいしさですが、たまにはガツンとスパイスのきいたごはんも食べたくなりますよね。

　ホットクックで作りやすいようアレンジしたアジアごはんは、手軽なのに味はなかなかの本格派。味の決め手は各国の調味料や食材です。見慣れない調味料もあるかもしれませんが、どれも大きめのスーパー、「カルディ」などの輸入品を扱っている食材店、ネットショップなどで手頃な価格で手に入ります。普段の調味料で代用してもよいのですが、日本の調味料だけでは出すことが難しい味わいも、ご紹介している調味料や食材を使うと簡単に本場の味が再現できます。ぜひ、7ページからの調味料＆食材カタログを参考に、作ってみてください。普段の食材で作れるレシピもたくさんありますので、まずは作りやすそうなものからチャレンジしてみてくださいね。

　ごはん料理やスイーツなど、作り方にコツがあるものは、各レシピで丁寧にご紹介していますので、作り始める前に確認してください。

　私も大好きなアジアのごはん。ホットクックさえあればもう大丈夫！ いつでもおうちで楽しめますね！ 本書を活用することで、皆さんのレパートリーがさらに広がるとうれしいです。

阪下千恵

Part **1**
香りからおいしい！
絶品アジアごはん

Part 2

ほっこりしあわせ♡ アジアの スイーツ&ドリンク

絶品アジアごはん＆スイーツの秘訣は
手動キーと調味料にあり！

例えば、人気のガパオライスも材料を切って
調味料と一緒にホットクックに入れるだけ！

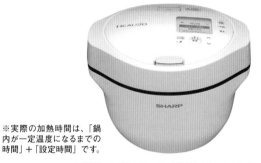

※実際の加熱時間は、「鍋
内が一定温度になるまでの
時間」＋「設定時間」です。

手動で作る ➡ 炒める ➡ 4分

オイスターソース

ナンプラー

黒砂糖

豆板醤

スイッチ オン！

調理方法や時間、温度を
設定できる「手動キー」
この「手動キー」と「調味料」を
使いこなせば
本場のアジア料理が
おうちで食べられる♡

ホットクックの機種について

ホットクックには現在、大きく分けて下記の3種類があります。
容量の差など機種によってできることが変わるので、ご自身の用途に合わせて選んでください。

KN-HW16G
容量：1.6L
2～4人用。本書でメイ
ンに使用したホットクッ
ク。幅広い年齢層のご家
族にマッチする大きさで
す。家事の時短に大活躍。

KN-HW24G
容量：2.4L
2～6人用。大人
数のご家族や作
りおきを作って
おきたい人には
最適の大きさ。

KN-HW10G
容量：1.0L
1～2人用。コンパクトでもちゃん
とかき混ぜ機能搭載。蒸しトレイ
をセットすれば、上下2段調理が
可能です。※今回はこの機種を
使ったレシピは掲載していません。

➡ ホットクックの詳しい使い方は取扱説明書または、オフィシャルサイトをご覧ください。https://jp.sharp/hotcook/

ムダなく使いこなすアイデアいっぱい！
調味料＆食材カタログ

本書でご紹介している調味料や食材は、
大きめのスーパー、カルディやコストコ、成城石井など輸入食材を扱う専門店、
ネットショッピングで手頃な価格で購入することができます。
気になるメニューが見つかったら、早速、作ってみましょう。
おうちで本格的なアジアごはんが手軽に楽しめますよ。

五香粉（ウーシャンフェン）

八角、花椒、シナモン、陳皮、クローブなどをブレンドしたスパイス。煮豚をはじめ、スープや炒め物のこしょうの代わりに。
使用ページ ➡ p.12、18、22、74

カシューナッツ

砕いてあえ物にかけたり、サラダのトッピングにしたりと使い方いろいろ。クッキーに入れてもおいしい。
使用ページ ➡ p.72

カルダモン

甘くエキゾチックな香りが持ち味。ミルクティーに入れてスパイスティーにするのもおすすめ。
使用ページ ➡ p.28、42、44

韓国粉唐辛子

日本の一味唐辛子より旨みがあり、辛味が少ないのが特徴。キムチ、スープ、あえ物などに。
使用ページ ➡ p.60、61、66

クミンシード

炒め物の最初に油と一緒に炒めると風味がアップ。普段のカレーにも加えてもおいしい。
使用ページ ➡ p.46、47、51

クミンパウダー

カレーに加える他、こしょうの代わり、鶏肉や豚肉、ひき肉、魚の下味に使っても◎。
使用ページ ➡ p.26、42、46、50

黒砂糖

煮物や、お菓子に加えるとコクが増します。砂糖を置き換えるときは、半分程度を黒砂糖にすると程よいバランスに。
使用ページ ➡ p.12、18、24、30、56、70、74、86

黒酢

まろやかな酸味とコクが特徴。炒め物、餃子のたれ、肉を煮るときなど、普通の酢の代わりに使えます。
使用ページ ➡ p.18、23、70、74

クローブ

甘くてスパイシーな香り。ピクルス、ポトフ、ミルクティーなどにおすすめ。
使用ページ ➡ p.42、52

ココナッツファイン

クッキー、焼き菓子などのお菓子にも。また、炒め物の最後にふれば、風味アップにもなります。
使用ページ ➡ p.47

ココナッツミルク

カレーの他、スープ、お菓子など幅広く使えます。牛乳の代わりにココナッツミルクに置き換えても◎。
使用ページ ➡ p.28、38、51、84、87、88

コチュジャン

辛さの中に旨みとコクがあり、焼き肉のたれ、炒め料理、ビビンバなどに使えます。
使用ページ ➡ p.58、60、61、62、63、65、66

コリアンダーパウダー

クミンパウダーと同様にカレーの他、こしょうの代わりや、肉や魚の下味に使うものをおすすめ。
使用ページ ➡ p.42、46、48、51

さとうきび糖

煮物などの普段の料理に加え、クッキーや蒸しパンに使ってもおいしい。卵焼きに入れると焦げやすくなるので注意。
使用ページ ➡ p.16、30、50、90、94

シナモンスティック

甘い独特な風味が特徴。ミルクティーに入れてスパイスティーに。コーヒーにも合います。
使用ページ ➡ p.28、44、51、52

香菜

パクチー、コリアンダーとも呼びます。サラダや生春巻きに入れたり、フォーやスープのトッピングにもおすすめ。
使用ページ ➡ p.26、27、32、36、38、40、42、44、54

紹興酒

お酒として売っているものはそのまま飲むほか、普段の料理に料理酒代わりに使えます。
使用ページ ➡ p.18、20、22

スイートチリソース

甘味、辛味、酸味のバランスのとれた味わい。生春巻きのたれはもちろん、ナンプラーと一緒に合わせて炒め物の味つけにも。
使用ページ ➡ p.54

ターメリック

カレーをはじめ、スープ、炒め物、炊き込みごはんの色づけなどに。
使用ページ ➡ p.38、42、46、51

ダシダ

牛肉風味の顆粒だし。普段の鶏ガラスープの代わりに、いろいろな炒め物、スープ、炊き込みごはんのだしなどに活用できます。
使用ページ ➡ p.66

タピオカ

色は白、黒、カラフルなものがあり、サイズも大小あります。
使用ページ ➡ p.86、87、88

チリパウダー

チリビーンズやパスタ、炊き込みごはん、炒め物など、風味と赤み、辛さを足したいときにおすすめ。
使用ページ ➡ p.42、46、50

豆板醤

炒め物、あえ物、スープなどに。インスタントラーメンの最後に溶かし入れたり、少し辛味が欲しいときにぴったり。

使用ページ➡p.14、22、24、48、68、79

トムヤムペースト

トムヤムクンだけでなく、具材をいろいろ替えてスープにしたり、炒め物の調味料にも◎。

使用ページ➡ p.30、35、57

ナンプラー

普段の野菜炒めでしょうゆに置き換えたり、スープに加えてもおいしい。

使用ページ➡ p.24、26、28、32、34、36、38、40、41、50、54、57

ニョクマム

ナンプラー同様、普段の野菜炒めでしょうゆに置き換えたり、スープに加えてもおいしい。

使用ページ➡ p.27、36、38、40、41

八角

スターアニスとも呼ばれる、中国原産のスパイス。煮物、豚肉の煮込みなどに少量加えて使います。香りが強いので入れすぎに注意。

使用ページ➡ p.18、22、52

パプリカパウダー

鮮やかな赤色と甘さが特徴。ポテトサラダ、ロールキャベツ、マリネ、スープなどに使えます。

使用ページ➡ p.51

フライドオニオン

そのままポテトサラダやグリーンサラダにトッピングしたり、炒め物のトッピングにも。カレーや煮込み料理に入れても◎。

使用ページ➡ p.12、16、40、42

花椒 (ホアジャオ)

中華系の炒め物に加えたり、最後にかけるとピリッとした風味に。砕いてたれやあえ物に加えても◎。パウダータイプもあります。

使用ページ➡ p.18、68、73、74、82

干しえび

独特の旨みがあり、炊き込みごはんやスープに入れたり、餃子などのひき肉に混ぜたり、炒め物にも使えます。

使用ページ➡ p.23、82

ミント

さわやかな香りが特徴。湯を注いでミントティーにしたり、サラダやスープにトッピングするものおすすめ。

使用ページ➡ p.27、38

ライムリーフ

タイカレーやトムヤムクン、カレー、スープなどにローリエのように加えます。

使用ページ➡ p.28

レモングラス

ココナッツミルクやナンプラーと好相性。スープやめん料理の風味づけとしてローリエのように使えます。

使用ページ➡ p.48、51、54

【本書の使い方】

本書で使用している手動調理・自動調理メニューの設定キーは、「HW16G・24G ／ HW16F・24F ／ HW16E・24E ／ HW16D ／ HW24C（容量1.6ℓ／2～4人用・容量2.4ℓ／2～6人用）」が基準で、無線LANで新しいレシピが検索追加できるモデルですが、掲載レシピは上記以外の1.6ℓタイプ、2.4ℓタイプのホットクックでも作ることができます＊。2.4ℓタイプの場合は、少し分量を増やし、水分量については様子をみて加減してください。

＊食材の水分量や種類の違いなどで、機種により仕上がりが異なる場合があります。
＊ステンレス鍋の場合、ごはん、めん、卵料理など「フッ素コート内鍋」に比べ、食材がくっつきやすい場合もあるので、卵や粉ものは、くっつかないタイプのアルミホイルやオーブンシートをご使用ください。

手動調理・自動調理メニューの手順

「HW16G・24G ／ HW16F・24F ／ HW16E・24E ／ HW16D ／ HW24C」で、どの手動調理・自動調理メニューを使うかを表記しています。加熱途中に停電や不注意で電源が切れてしまっても、10分以内に電力が戻れば、引き続き加熱を行います。10分以上経過してしまうと調理を終了し、復旧後に停電があったことをエラー表示でお知らせします。詳しくはご使用の機種の取扱説明書をご覧ください。

対応表

ホットクックの機種ごとの設定キーを記載しています。お手持ちのホットクックの機種に合わせてご使用ください。具体的なメニュー名が表示される機種については、初期画面から表の手順でメニュー名を選びます。数字で設定されている機種については、該当機種の操作方法に従い入力してください。調理時間はおおよその目安です。食材の分量や温度によって変わります。

 まぜ技ユニット

このアイコンがあるレシピは、ホットクックにまぜ技ユニットを装着してから調理してください。

 蒸しトレイ・蒸し板

このアイコンがあるレシピは、ホットクックに蒸しトレイまたは蒸し板を装着してから調理してください。

左ページ（レシピ見本）

India ❋ インド

インドでビリヤニはおめでたい日に振る舞われるごちそう料理。
香り米のバスマティライスを鶏肉と野菜、スパイスと一緒に炊き込みます。
野菜をヨーグルトであえた「ライタ」をかけながら食べるのが本場流です。

ビリヤニ風ライス

材料（2合分・3～4人分）・**作り方**

バスマティライス…2合(300g)
鶏手羽元…8本
（または鶏もも肉…1枚(300g)）
フライドオニオン…大さじ4
青菜…1～2株
水…1と½カップ
　プレーンヨーグルト…大さじ3
　トマトケチャップ…大さじ1
　塩、鶏ガラスープの素…各小さじ1・½
　ターメリック、チリパウダー…各小さじ1
　シナモンパウダー、クミンパウダー、
　コリアンダーパウダー…各小さじ½
　クローブ、カルダモン（あれば…軽くつぶす）
　　…各3粒
　しょうがすりおろし…小さじ1
　にんにくすりおろし…ふたかけ分
　プレーンヨーグルト…½カップ
　塩、チリパウダー…各少々
　きゅうり(みじん切り)…大さじ2
　トマト(種を除いてみじん切り)…大さじ2

1　青菜は根と葉を刻み、葉はトッピング用に2cm長さに切っておき、ボウルに刻む。Aを入れてしっかりもみ込み、できれば冷蔵庫で30分以上おかせる。時間のない場合は、30分ほどでも、同様になれる。

2　※はよく洗ってざるで水けをしっかりきり、内鍋に入れ、分量の水を加え、1の肉をトッピングとそっとのせる。フライドオニオン、青菜の根と葉ものせる。

3　※のかたさが気になり、少しかためにあがれば、水½カップ(分量外)をまわしかけ、軽く上下を返すように加熱。加熱追加(10分)する。クローブ、カルダモンを取り除き、全体をつくりと混ぜる。

4　器に盛り付け、1の青菜の葉、お好みで赤玉ねぎの薄切りをのせる。混ぜ合わせたBを添え、ごはんにかけながら食べる。

手動で作る→煮物を作る→まぜない→30分で加熱する。

HW16G・24G	手動→煮物を作る・2→30分	
HT24B(2.4ℓ)	手動→煮物・2→30分	
HT99B/HT16A(1.6ℓ)	手動→煮物・2→30分	
HT99A(1.6ℓ)	手動→煮物・1・2→30分	

One Point

ジャスミンライスを使う場合は、作り方を少し変え、水を多め（白米1合に対して1カップ強を入れ、1のライタソースを加えない）で、スパイスライスとライタなめに30分加熱したあと、よく混ぜてください（加熱10分）。

あると違う！

バスマティライス(左)、ジャスミンライス(右)
バスマティライスはインドやパキスタンなどで生産される高級な細長いお米で、ジャスミンライスはタイで生産される細長いお米で、ジャスミンライスという甘い香りのあるお米。どちらの香り米もスパイシーな味付けと相性抜群です。

下段解説

One point これでおいしさアップ！
ホットクックでよりおいしく作るためのコツなどをご紹介しています。

あると違う！
本格的なアジアごはんを味わうために、おすすめの調味料や食材をご紹介しています。

本書のきまり

- 大さじ1＝15㎖、小さじ1＝5㎖、1カップは200㎖です。
- 調味料は特に記載がない場合は、しょうゆは濃口しょうゆ、塩は自然塩、砂糖は上白糖、酒は無塩の日本酒、みりんは本みりん、酢は米酢（または穀物酢）、みそはお好みのみそ、オリーブ油はエクストラバージンオイル、バターは有塩バター、生クリームは動物性で乳脂肪分35％以上のものを使用しています。
- だし汁は削り節や煮干しなどでとったものを使用しています。手軽な「だしパック」や「顆粒だし」を使用してもOKです。お好みのものをご使用ください。
- 手動メニューでは鍋内の温度が一定になってからの加熱時間を設定します。また、自動調理メニューで表示している調理時間は標準時間ですが、本書では食材の種類や量、初期温度を変更しているため、表示時間通りではない場合があります。

【お手入れの仕方】 ➡ POINT　ホットクックにお手入れモードがあります。これを利用して定期的にお手入れしましょう。

Q 使ったあと、洗う方法は？

台所用合成洗剤（中性）をスポンジに含ませて洗います。十分にすすいで水けをしっかりふきとって乾燥させます。内鍋以外のまぜ技ユニットなどは食器洗い乾燥機＊を使用してください。

＊ご使用の機種の取扱説明書をよくお読みになってからご使用ください。

Q 内鍋のこびりついた汚れを落とすには？

フッ素コート内鍋の場合、「お手入れモード」＊を選択し、水の量は、汚れ具合に応じて「白米水位の1」以上、「水位MAX」の線以下に入れて加熱します。終了後、そのまま数時間放置し、やわらかいスポンジで洗いよくすすぎます。
ステンレス鍋の場合、内鍋の「水位MAX」の線まで水を入れ、1カップ弱の重曹を加えて「お手入れモード」で加熱します。終了後、そのまま数時間放置し、やわらかいスポンジで洗いよくすすぎます。

＊無線LAN対応の機種の場合。その他の機種は取扱説明書をご覧ください。

Q 内鍋のにおいを取るには？

内鍋に600㎖の水を入れ（まぜ技ユニットや蒸しトレイを一緒に加熱する場合は、それらが浸かる程度）、レモン1個を8等分に切って加え、「手動→蒸す」で30分加熱してください。

Q ステンレス鍋の虹色・白い染みやさびの汚れを落とすには？

ステンレス鍋の場合、大さじ1の水に小さじ1程度のクエン酸＊を溶かし（さびの場合はここに少量の塩を加える）やわらかいスポンジに含ませてこすってください。

＊クエン酸は、薬局などで市販されているクエン酸（無添加、または99.5％以上）をお使いください。

➡ Q&Aについてもっと詳しい情報は、オフィシャルサイトをご覧ください。https://jp.sharp/support/

Part 1

香りからおいしい！
絶品アジアごはん

台湾のルーローハン、タイのガパオライス、
ベトナムのフォー、インドのビリヤニ、韓国のポッサムなど、
アジア9カ国のとびっきりおいしいメニューを厳選しました。
おうちにいながらホットクックで
アジアの旅行気分を味わえます。

食欲を刺激する、台湾屋台のやみつきソウルフード。
豚肉の下ゆではホットクックにおまかせ！
何度でも作りたくなること間違いなしです。

ルーローハン まぜ技ユニット

材料〈4人分〉**・作り方**

豚肩ロースかたまり肉 … 600 g

干ししいたけ … 2～3枚

長ねぎ（青い部分）… ½本

フライドオニオン … 大さじ3

　　（または玉ねぎ … ⅓個）

ゆで卵 … 4個

A ┌ 酒 … 大さじ2
　│ しょうゆ … ¼カップ
　│ オイスターソース … 大さじ3
　│ 黒砂糖 … 大さじ2
　│ 砂糖 … 大さじ1
　│　（黒砂糖がなければ砂糖大さじ3）
　│ にんにく（つぶす）… 2かけ
　│ しょうが（薄切り）… 3枚
　└ 五香粉 … 小さじ½～⅔

温かいごはん … 4人分

1 豚肉は2～3cm角に切る。干ししいたけは水につけてもどし、石づきを取って8mm角に切る。玉ねぎを使う場合は1.5cm四方に切る。

2 下ゆでとして、内鍋に1の豚肉、かぶる程度の水（分量外・水位線以下）を入れる。

スイッチオン！ HW16G・24G／HW16F・24F／HW16E・24E／HW16D／HW24C
手動で作る ➡ 煮物を作る ➡ まぜない ➡ 20分で加熱する。

HT24B (2.4ℓ)	手動 ➡ 煮物2-2 ➡ 20分
HT99B／HT16E (1.6ℓ)	手動 ➡ 煮物2-2 ➡ 20分
HT99A (1.6ℓ)	手動 ➡ 煮物1-2 ➡ 20分

3 内鍋の湯を一度捨て、きれいに洗う。内鍋に豚肉、干ししいたけ、長ねぎ、フライドオニオン、Aを入れ、まぜ技ユニットをセットする。

スイッチオン！ HW16G・24G／HW16F・24F／HW16E・24E／HW16D／HW24C
手動で作る ➡ 煮物を作る ➡ まぜる ➡ 50分で加熱する。

HT24B (2.4ℓ)	手動 ➡ 煮物2-1 ➡ 50分
HT99B／HT16E (1.6ℓ)	手動 ➡ 煮物2-1 ➡ 50分
HT99A (1.6ℓ)	手動 ➡ 煮物1-1 ➡ 50分

4 加熱終了後、ゆで卵を加えて加熱延長（5分）する。器にごはんを盛り、豚肉とゆで卵をのせる。お好みでゆでたチンゲン菜、塩もみした薄切りきゅうりなどを添える。

あると違う！

フライドオニオン

フライドオニオンは一緒に煮るとコクがアップするのでぜひ入れてみて。ポテトサラダやグリーンサラダにトッピングしたり、炒め物やカレー、煮込み料理に加えてもおいしいです。

とろとろの豚肉と甘辛さで
箸が止まらない♡

すっぱ旨さがくせになる！

「酸菜」という白菜の漬け物と豚バラ肉を煮た人気の発酵鍋。
白菜の浅漬けを使えば、手軽なのに本格的な味わいに。
ごまたっぷりのたれをからめながらいただきます。

酸菜白肉鍋風スープ煮込み ⬤まぜ技ユニット

材料〈4人分〉**・作り方**
白菜 … ⅙株(250g)
白菜の浅漬け(市販)
　　… 170g＋漬け汁½カップ
豚バラ薄切り肉 … 250g
しいたけ … 3～4枚

A ┌ 水 … 4カップ
　│ 昆布 … 1枚
　│ 酒 … 大さじ1
　│ にんにく(薄切り) … 1かけ
　│ しょうが(すりおろし) … 小さじ1
　│ 味付きザーサイ(市販・粗く刻む)
　│ 　　… 15g
　└ 鶏ガラスープの素 … 小さじ2

B ┌ すりごま(白) … 大さじ2
　│ しょうゆ、酢 … 各大さじ2
　│ 豆板醤 … 小さじ1弱
　└ 砂糖、ごま油 … 各小さじ1

1 白菜は大きめのざく切りにする。白菜の浅漬け
は2cm幅に切る。豚肉は6cm幅に切る。しいた
けは石づきを取り、1cm厚さに切る。

2 内鍋に白菜、白菜の浅漬け、豚肉、しいたけ
を交互に入れて**A**を加える。まぜ技ユニットを
セットする。

スイッチオン! HW16G・24G／HW16F・24F／HW16E・24E／HW16D・HW24C
手動で作る ➡ 煮物を作る ➡ まぜる ➡ 5分で加熱する。

HT24B (2.4ℓ)	手動 ➡	煮物2-1 ➡	5分
HT99B／HT16E (1.6ℓ)	手動 ➡	煮物2-1 ➡	5分
HT99A (1.6ℓ)	手動 ➡	煮物1-1 ➡	5分

3 器に**2**を盛り、混ぜ合わせた**B**をお好みでつけ
ながら食べる。酸味が足りないときは、味を見
ながら最後に酢大さじ1～を足す。

ルーローハンと並んで台湾グルメの定番!
フライドオニオンのサクサクした食感がアクセント。

ジーローハン

❀ これで
おいしさアップ!

鶏肉は蒸し汁に漬けて
おくと、時間がたっても
パサパサにならず、しっ
とり感をキープできます。
お好みで目玉焼き、香
菜をのせるとより本格
的な味わいに!

材料〈4人分〉・作り方

鶏むね肉…2枚(600g)
塩…小さじ1
砂糖…小さじ2
酒…¼カップ
長ねぎ(青い部分・ぶつ切り)…½本
A ┌ しょうゆ…大さじ3
  │ さとうきび糖…大さじ2
  │ 酒…大さじ1
  └ しょうが(せん切り)…½〜1かけ
フライドオニオン…適量
温かいごはん…4人分

1 鶏肉は皮を取り、塩、砂糖をすり込む。

2 内鍋に1を入れて酒をまわしかけ、上に
長ねぎをのせる。

スイッチ
オン! HW16G・24G／HW16F・24F／HW16E・24E／HW16D／HW24C
手動で作る ➡ 煮物を作る ➡ まぜない ➡ 10分で加熱する。

HT24B (2.4ℓ)	手動 ➡ 煮物2-2 ➡	10分
HT99B／HT16E (1.6ℓ)	手動 ➡ 煮物2-2 ➡	10分
HT99A (1.6ℓ)	手動 ➡ 煮物1-2 ➡	10分

3 2の鶏肉を汁ごと容器に取り出す。粗熱
がとれたら、肉をできるだけ細くさく。

4 器にごはんを盛り、3をのせてフライド
オニオンをちらす。混ぜ合わせたAをか
け、お好みで香菜を添える。

フライパンで焼いたようなこんがりとした仕上がり!
切り干し大根は歯ごたえが残る程度にもどします。

台湾風切り干し大根の卵焼き

材料〈4人分〉**・作り方**
切り干し大根…30g
長ねぎ…½本
卵…4個
塩…小さじ¼
しょうゆ…小さじ½
酒…大さじ½
ごま油…大さじ1

1 切り干し大根は水に10〜15分つけてもどし、水けを絞り、2㎝幅に切る。長ねぎは薄い小口切りにする。

2 内鍋に1、溶いた卵、残りの調味料を入れ、シリコンベラでよく混ぜる。

＊ステンレス鍋の場合、内鍋にくっつかないタイプのアルミホイルを敷き、別のボウルで材料すべてを混ぜてから入れる。

スイッチオン! HW16G・24G／HW16F・24F／HW16E・24E／HW16D／HW24C
手動で作る➡煮物を作る➡まぜない➡15分で加熱する。

HT24B (2.4ℓ)	手動 ➡ 煮物2-2 ➡ 15分
HT99B／HT16E (1.6ℓ)	手動 ➡ 煮物2-2 ➡ 15分
HT99A (1.6ℓ)	手動 ➡ 煮物1-2 ➡ 15分

3 裏返して加熱延長(5分)する。内鍋から取り出して食べやすい大きさに切る。

One point

裏返すときは軍手をしてやけどに注意しながら、皿をかぶせて一度生地を取り出します。そのまま焼けていない側の生地が下になるように戻し入れてください。面倒な場合は、そのまま食べてもOK。少し卵がやわらかいときは、そのまま加熱延長3〜5分で調節してください。

八角や花椒をきかせ、黒砂糖でコクをプラスした絶品角煮！
あたかも現地で食べているような気分にさせてくれます。
お好みで白髪ねぎを添えてもおいしいです。

台湾風角煮

材料〈4人分〉**・作り方**

豚バラかたまり肉 … 600〜800g

長ねぎ(青い部分・ぶつ切り) … ½本

しょうが(薄切り) … 3枚

にんにく(つぶす) … 2かけ

```
┌ しょうゆ … 大さじ5
│ 紹興酒(または酒)、水 … 各¼カップ
│ オイスターソース … 大さじ3
│ 黒砂糖(または砂糖) … 大さじ2½〜3
A 黒酢(または酢) … 大さじ2
│ 八角(あれば) … ½個
│   (または五香粉 … 小さじ½)
│      ウーシャンフェン
│ 黒こしょう(粒) … 小さじ1
│   ホアジャオ
└ 花椒(粒) … 小さじ½
```

1 豚肉は4〜5cm厚さに切る。下ゆでとして、内鍋に入れ、かぶる程度の水(分量外・水位線以下)を加える。

スイッチオン！ **HW16G・24G／HW16F・24F／HW16E・24E／HW16D／HW24C**
手動で作る➡煮物を作る➡まぜない➡30分で加熱する。

HT24B (2.4ℓ)	手動 ➡	煮物2-2 ➡	30分
HT99B／HT16E (1.6ℓ)	手動 ➡	煮物2-2 ➡	30分
HT99A (1.6ℓ)	手動 ➡	煮物1-2 ➡	30分

2 内鍋の湯を一度捨て、きれいに洗う。内鍋に豚肉を戻し入れ、**A**を加える。にんにく、しょうがをのせ、その上に長ねぎをのせる。

スイッチオン！ **HW16G・24G／HW16F・24F／HW16E・24E／HW16D／HW24C**
手動で作る➡煮物を作る➡まぜない➡50分で加熱する。

HT24B (2.4ℓ)	手動 ➡	煮物2-2 ➡	50分
HT99B／HT16E (1.6ℓ)	手動 ➡	煮物2-2 ➡	50分
HT99A (1.6ℓ)	手動 ➡	煮物1-2 ➡	50分

3 加熱終了後、上下をそっと返して味をしみ込ませる。八角は取り除いて食べる。

台湾を訪れたら絶対、外せないというスペシャルなひと皿。
かにの旨みがおこわのすみずみまでしみわたっています。
今回は「渡りがに」を使用していますが、お好みのかにでOKです。

台湾風かにおこわ

材料〈3〜4人分〉・作り方

もち米 … 2合

かに水煮缶(またはほぐし身、むき身など)
　… 正味150g
　(缶汁は軽く絞るようにして、汁けを
　しっかりときり、絞った汁はとっておく)

焼き豚(市販) … 50g

長ねぎ … 10cm

しょうが(せん切り) … ½かけ

A
　紹興酒(または酒) … 大さじ1
　しょうゆ … 小さじ2
　オイスターソース … 小さじ1
　塩 … 小さじ⅙(少々)

B
　かに水煮缶の缶汁+水を合わせて
　　… 250㎖

1 焼き豚は1cm四方、長ねぎは粗みじん切りにする。

2 もち米は洗ってざるで水けをしっかりときり、内鍋に入れる。A、Bを加えて混ぜ(炊飯の目盛りより、5〜6㎜下)、平らにする。

3 上に長ねぎ、焼き豚、しょうが、かにの順にのせる。

炊きムラが出るので、具材をのせたら混ぜないように注意。

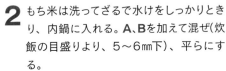

スイッチオン! HW16G・24G／HW16F・24F／HW16E・24E／HW16D／HW24C
手動で作る ➡ 煮物を作る ➡ まぜない ➡ 30分で加熱する。

HT24B (2.4ℓ)	手動 ➡ 煮物2-2 ➡ 30分
HT99B／HT16E (1.6ℓ)	手動 ➡ 煮物2-2 ➡ 30分
HT99A (1.6ℓ)	手動 ➡ 煮物1-2 ➡ 30分

4 加熱終了後、しゃもじで上下を返す。食べてみて米がかたければ、水¼カップ(分量外)をまわしかけ、加熱延長(10分)して様子をみる。

★殻付きのかにをプラスでのせる場合
殻ごとのせて炊き上がってから一度かにを取り出し、ごはんの上下を返すようにして軽くほぐす(写真右)。炊きムラがあれば加熱延長(10分)する。かにの身はほぐしてごはんにのせて食べる。かに水煮缶なしで殻付きのかにだけで加熱してもOK。

One point

かにから水分が出ている場合は、水は足さずに上下だけ返して加熱延長(10分)、水が足りずにパサパサの場合は、水¼カップをまわしかけて加熱延長(10分)してください。

見た目の豪華さに
テンション爆上がり!

牛肉から出るだしにトマトのさわやかな酸味が身上！
青菜のシャキシャキ感で最後のひと口まで飽きずに食べられます。

牛肉トマトめん ⬤まぜ技ユニット

材料〈2人分〉**・作り方**

中華めん(インスタントまたは焼きそば用
　蒸しめん、ちゃんぽん用チルドめん)…2袋

牛切り落とし肉…160g

トマト…1個

長ねぎ…⅓本

チンゲン菜…1株

A [
　水…3カップ
　紹興酒(または酒)…大さじ2
　しょうゆ…大さじ1½
　豆板醤…小さじ2
　鶏ガラスープの素…小さじ1
　五香粉(ウーシャンフェン)…小さじ⅙〜¼
　　(または八角…1個)
　しょうが(薄切り)…3枚
　にんにく(薄切り)…1かけ
]

1 トマトは3cm角に切る。長ねぎは斜め薄切りにする。チンゲン菜は葉と茎に分け、葉は5cm長さに切り、茎は縦に3〜4等分に切る。

2 内鍋にA、牛肉、長ねぎ、チンゲン菜の茎を入れ、まぜ技ユニットをセットする。

スイッチオン！
HW16G・24G／HW16F・24F／HW16E・24E／HW16D／HW24C
**メニューを選ぶ➡カテゴリーで探す➡めん類
➡ちゃんぽんで加熱する。**

| HT24B (2.4ℓ) | 自動 ➡ めん類 5 - 6 |
| HT99B／HT16E (1.6ℓ) | 自動 ➡ めん類 5 - 6 |

※HT99A(1.6ℓ)の機種には対応キーがありません。

3 途中、報知音(加熱終了3分前)が鳴ったら、ふたを開ける。やけどに気をつけてほぐした中華めん、トマト、チンゲン菜の葉を順に加え、ふたを閉めて再び加熱する。

One point
ちゃんぽん用のチルドめんを使うときは、別ゆでしなくてもOKなものを使ってください。

大人気の台湾朝ごはんの定番、シェントウジャン（鹹豆漿）。
豆乳と黒酢で作る簡単スープは忙しい朝にもぴったりです。

豆乳と干しえびの台湾風スープ

まぜ技
ユニット

材料〈4人分〉・作り方

干しえび（または桜えび・乾燥）… 10g
味付きザーサイ（市販）… 20g
長ねぎ … ½本
油揚げ … 1枚

A
水 … 1½カップ
無調整豆乳 … 2カップ
オイスターソース … 大さじ1
鶏ガラスープの素 … 小さじ2
ごま油 … 大さじ½
こしょう … 少々

黒酢（または酢）… 大さじ1½

1 長ねぎは薄い小口切りにする。ザーサイは粗く刻む。トッピングの油揚げは1cm幅に切り、オーブントースターでカリッと焼く。

2 内鍋に1の長ねぎ、ザーサイ、干しえび、A を入れ、まぜ技ユニットをセットする。

スイッチ
オン！ HW16G・24G／HW16F・24F／HW16E・24E／HW16D／HW24C
手動で作る ➡ 煮物を作る ➡ まぜる ➡ 1分で加熱する。

HT24B (2.4ℓ)	手動 ➡ 煮物2-1 ➡ 1分
HT99B／HT16E (1.6ℓ)	手動 ➡ 煮物2-1 ➡ 1分
HT99A (1.6ℓ)	手動 ➡ 煮物1-1 ➡ 1分

3 加熱終了後、黒酢を加えて混ぜる。器に盛り、1の油揚げをのせる。お好みでラー油をたらす。

たっぷりのバジルにエスニックな味つけが最高のひと皿。
鶏肉は包丁で粗くたたいて細かくすると食べごたえアップ！
辛いものが苦手な場合、豆板醤は加えなくてOKです。

ガパオライス
まぜ技ユニット

材料〈4人分〉・作り方

鶏もも肉…2枚（600g）

（または鶏ひき肉…400g）

玉ねぎ…¼個

ピーマン…3個

パプリカ(赤)…½個

バジルの葉…2枝（20〜30枚）

A ┌ サラダ油…大さじ½
　│ しょうが（すりおろし）…小さじ1
　└ にんにく（みじん切り）…1かけ

B ┌ オイスターソース…大さじ1½
　│ ナンプラー…大さじ2
　│ 黒砂糖（または砂糖）…小さじ½
　└ 豆板醤…小さじ½

温かいごはん、

　　ピーナッツ（無塩・粗く刻む）…各適量

目玉焼き（フライパンで焼く）…4個

1 鶏肉は皮を取って1cm角に切り、半量を包丁で粗くたたいて細かくする。ピーマン、パプリカは1.5cm四方に切る。玉ねぎは1cm四方に切る。

2 内鍋に1の鶏肉、玉ねぎ、Aを入れて混ぜ、まぜ技ユニットをセットする。

スイッチオン！ HW16G・24G／HW16F・24F／HW16E・24E／HW16D／HW24C
手動で作る ➡ 炒める ➡ 4分で加熱する。

HT24B (2.4ℓ)	手動 ➡ 煮物2-1 ➡ 4分
HT99B／HT16E (1.6ℓ)	手動 ➡ 煮物2-1 ➡ 4分
HT99A (1.6ℓ)	手動 ➡ 煮物1-1 ➡ 4分

3 2の汁けをペーパータオルで軽く吸い取る。パプリカ、ピーマン、Bを加えて加熱延長(4分)する。加熱終了後、バジルの葉を加えて混ぜる。器にごはん、フライパンで焼いた目玉焼きと一緒に盛りつけ、ピーナッツをちらす。

❀ これで
おいしさアップ！

余分な汁けを軽く吸い取ったら、ピーマンとパプリカは後入れします。ほどよい歯ごたえが残るうえ、見た目の鮮やかさもキープ！

フッ素コート内鍋なら目玉焼きもできる！
❈ ホットクックで作る目玉焼き ❈❈❈❈

材料・作り方

1 内鍋にサラダ油小さじ1を引き、卵を割り入れる。3個まで作れる。

スイッチオン！ HW16G・24G／HW16F・24F
手動で作る ➡ 好みの設定加熱 ➡ 強火 ➡ まぜない ➡ 8分で加熱する。

※HW16E・24E／HW16Dで作る場合、ステンレス鍋をフッ素コート内鍋に替えて加熱してください。
※HW24Cには対応キーがありません。

ガイヤーンとはタイの焼き鳥のこと。
味わいはそのままにツヤツヤに煮て仕上げます。

ガイヤーン風鶏の照り煮

材料〈4人分〉**・作り方**

鶏もも肉…2枚(600g)

塩、クミンパウダー(またはこしょう)
　…各少々

香菜の茎(粗く刻む)…4株

A ┌ ナンプラー…大さじ2
　└ オイスターソース…大さじ1

B ┌ ナンプラー、オイスターソース
　│　…各大さじ1
　│ 赤唐辛子(輪切り)…ひとつまみ
　└ クミンパウダー…少々

レモン(くし形切り)、
　香菜(2cm長さに切る)、
　サニーレタス…各適量

1 鶏肉は水けをよくふき、フォークで数か所穴を
あける。塩、クミンパウダーをまぶしてからAを
もみ込み、冷蔵庫で30分以上ねかせる。

2 内鍋に1の汁けを軽くきって入れ、Bを加える。
肉の上下を返すようにして均一に調味料をつ
け、肉が重ならないように皮目を下にして広げ
る。香菜の茎をのせる。

スイッチ オン! HW16G・24G／HW16F・24F／HW16E・24E／HW16D／HW24C
手動で作る ➡ 煮物を作る ➡ まぜない ➡ 10分で加熱する。

HT24B (2.4ℓ)	手動 ➡ 煮物2-2 ➡ 10分
HT99B／HT16E (1.6ℓ)	手動 ➡ 煮物2-2 ➡ 10分
HT99A (1.6ℓ)	手動 ➡ 煮物1-2 ➡ 10分

3 加熱終了後、しばらく調味液につけたまま味を
なじませ、食べやすい大きさに切り分ける。器
に盛り、レモン、香菜、サニーレタスを添える。

あじを香味野菜とニョクマムでふっくらと蒸し上げた魚料理。
たいやたら、さわらでもおいしく作れます。

あじのエスニックハーブ蒸し

材料〈2人分〉・作り方

あじ（うろこ、内臓を除く）… 2尾
しょうが（せん切り）… ½かけ
にんにく（みじん切り）… 1かけ
塩… 少々
ニョクマム（またはナンプラー）… 大さじ½
酒… 大さじ1

A
┌ ニョクマム（またはナンプラー）
│   … 大さじ½
│ 酢… 小さじ1
│ 砂糖… 小さじ½
└ サラダ油… 小さじ1

白髪ねぎ、香菜（2cm長さに切る）、
　ミント（葉の部分を摘み取る）、
　ライム（またはレモン・くし形切り）
　… 各適量

1 あじは2～3か所斜めに切り込みを入れ、塩をふって5分おき、水けが出てきたらペーパータオルでふく。

2 内鍋にオーブンシートを敷いてから、しょうが、にんにくも敷いて1をのせる。オーブンシートの下に水¼カップ（分量外）を注ぎ、あじにニョクマムと酒をかける。

> オーブンシートがふたからはみ出たり、蒸気口をふさぐことがないように大きさに注意して。

One point

蒸しトレイがあれば、もやし1パック（200g）を入れるだけ入れてのせて蒸してもOK。

スイッチオン！ HW16G・24G／HW16F・24F／HW16E・24E／HW16D／HW24C
手動で作る ➡ 無水でゆでる ➡ 10分で加熱する。

HT24B (2.4ℓ)	手動 ➡ ゆで物3 ➡ 10分
HT99B／HT16E (1.6ℓ)	手動 ➡ ゆで物3 ➡ 10分
HT99A (1.6ℓ)	手動 ➡ 野菜ゆで3 ➡ 10分

3 あじを取り出して器に盛り、混ぜ合わせた**A**をかけ、白髪ねぎをのせる。香菜、ミント、ライム、お好みで蒸したもやしを添える。

辛味と甘味が口の中で交じり合うやみつきレシピ！
青唐辛子がベースのグリーンカレーペースト、
ココナッツミルク、ナンプラーさえあれば手軽にできます。

グリーンカレー

まぜ技ユニット

材料〈4人分〉・作り方

鶏もも肉 … 2枚(600g)

玉ねぎ … 1個

たけのこ水煮 … 100g

なす … 2本

ししとう … 4本

ブラウンマッシュルーム … 4個
　（またはしめじ … ½パック）

A
┌ グリーンカレーペースト … 50g
├ ナンプラー … 大さじ1⅓
├ ココナッツミルク … 1カップ
└ ライムリーフ(お好みで) … 3枚

スパイスライス（下記参照
　または温かいごはん）… 適量

1 鶏肉は皮を取り、4cm角に切る。玉ねぎは薄切り、たけのこ水煮は短冊切りにする。なすは乱切り、ししとうは斜め半分に切る。マッシュルームは根元の汚れている部分を取り、縦半分に切る。

2 内鍋に**1**、**A**を入れ、まぜ技ユニットをセットする。

スイッチオン！ HW16G・24G／HW16F・24F／HW16E・24E／HW16D／HW24C
手動で作る ➡ 煮物を作る ➡ まぜる ➡ 20分で加熱する。

HT24B (2.4ℓ)	手動 ➡ 煮物2-1 ➡ 20分
HT99B／HT16E (1.6ℓ)	手動 ➡ 煮物2-1 ➡ 20分
HT99A (1.6ℓ)	手動 ➡ 煮物1-1 ➡ 20分

3 器に**2**を盛り、スパイスライスを添える。ライムリーフは取り除いて食べる。

❋ スパイスライス ❋

材料〈作りやすい分量〉・作り方

ジャスミンライス(またはバスマティライス)
　… 2合(300g)

水 … 300㎖(＊バスマティライスの場合は
　水350〜400㎖)

塩 … 小さじ¼

バター … 5g

A
┌ シナモンスティック … 2cm
├ カルダモン(粒) … 2〜3粒
├ 黒こしょう(粒) … 8粒
└ ローリエ … 2枚

1 ジャスミンライスはさっと洗ってざるで水けをきり、内鍋に入れる。分量の水を加え、塩を混ぜてから、**A**とバターをのせる。

スイッチオン！ HW16G・24G／HW16F・24F／HW16E・24E／HW16D／HW24C
手動で作る ➡ 煮物を作る ➡ まぜない ➡ 30分で加熱する。

HT24B (2.4ℓ)	手動 ➡ 煮物2-2 ➡ 30分
HT99B／HT16E (1.6ℓ)	手動 ➡ 煮物2-2 ➡ 30分
HT99A (1.6ℓ)	手動 ➡ 煮物1-2 ➡ 30分

＊米がかたい場合は、上下を軽く返して水¼カップ〜⅓カップ(分量外)まわしかけ、加熱延長(10分)する。

2 スパイス・ハーブ類は取り除き、米をさっくりと混ぜる。

One point

炊飯器の場合は、米をさっと洗って、2合の目盛りより3mmほど下に水加減して、「早炊き」など加熱時間の短いコースで炊飯してください。

濃厚&旨辛味に
ハマる人続出！

甘酸っぱさと辛みのあるソースが後を引くタイ風焼きそば。
コシが強くてモチモチのめんがたまりません！
お好みで刻んだピーナッツ、香菜、ライムなどを添えてもおいしい。

パッタイ （まぜ技ユニット）

材料〈2人分〉・作り方

- センレック(乾米麺)…100g
- むきえび…80g
- 厚揚げ…50g
- もやし…1パック(200g)
- 赤玉ねぎ…⅓個
- にら…½把
- にんにく(みじん切り)…1かけ
- 錦糸卵(市販)…1パック
- 塩、こしょう…各少々
- サラダ油…大さじ1
- A ┌ トムヤムペースト(市販)、
　　　オイスターソース、
　　　さとうきび糖(または黒砂糖、砂糖)
　　　…各大さじ1½
　　└ 水…½カップ

1 センレックはぬるま湯(40℃)に10分ほどつけてもどす。冷水にとり、水けをしっかりときり、サラダ油の半量をまぶす。

2 赤玉ねぎは薄切り、にらは4cm長さに切る。厚揚げは1cm角に切る。えびは背わたを取り、水けをしっかりとふいて塩、こしょうをまぶす。

3 内鍋ににんにく、えび、厚揚げ、残りのサラダ油を入れ、まぜ技ユニットをセットする。

スイッチオン！ HW16G・24G／HW16F・24F／HW16E・24E／HW16D／HW24C
手動で作る ➡ 炒める ➡ 3分で加熱する。

HT24B (2.4ℓ)	手動 ➡	煮物2-1 ➡	3分
HT99B／HT16E (1.6ℓ)	手動 ➡	煮物2-1 ➡	3分
HT99A (1.6ℓ)	手動 ➡	煮物1-1 ➡	3分

4 3にもやし、ほぐした1、赤玉ねぎ、混ぜ合わせたA、にらの順に加え、加熱延長(10分)する。
＊めんがかたければ、さらに加熱延長(5分)して様子をみる。

5 錦糸卵を加えてほぐして混ぜる。

✿ これでおいしさアップ！

センレックのもどし方がイマイチだとおいしさが半減。でもこのひと手間でめんが内鍋にくっついたり、水っぽくなったりするのを防ぐことができます。

あると違う！

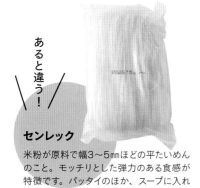

センレック
米粉が原料で幅3～5mmほどの平たいめんのこと。モッチリとした弾力のある食感が特徴です。パッタイのほか、スープに入れたり、ぬるま湯でもどしてからゆでてサラダやあえ物にするのもおすすめ。

One point
市販のパッタイセットのペーストを使う場合は、添付のたれと水⅓～½カップを入れると同様に作れます。

ほどよい甘酸っぱさと香菜のさわやかな香り！
ホットクックで春雨をえびやひき肉と一緒に炒めて
たっぷりの生野菜とさっとあえます。

ヤムウンセン風サラダ まぜ技ユニット

材料〈4人分〉・作り方

春雨(乾燥・ショートタイプ)… 50g
むきえび… 150g
鶏ひき肉… 250g
A ［ ナンプラー、酒、サラダ油…各大さじ1
 ［ 水… 70㎖
きゅうり… 1本
パプリカ(赤)… ⅛個
セロリ… ⅓本
赤玉ねぎ(または玉ねぎ)… ¼個
香菜(2㎝長さに切る)… 適量
B ［ ナンプラー… 大さじ1
 ［ ライム果汁(またはレモン果汁)… 大さじ2
 ［ サラダ油… 大さじ1½
 ［ 赤唐辛子(輪切り)… ひとつまみ

1 えびは背わたを取る。内鍋に鶏ひき肉、えび、Aを入れてよく混ぜる。春雨はさっと水でぬらしてからのせる。
まぜ技ユニットをセットする。

スイッチオン！ HW16G・24G／HW16F・24F／HW16E・24E／HW16D／HW24C
手動で作る ➡ 炒める ➡ 3分で加熱する。
加熱終了後、バットなどに移して冷ます。

HT24B (2.4ℓ)	手動 ➡ 煮物2-1 ➡ 3分
HT99B／HT16E (1.6ℓ)	手動 ➡ 煮物2-1 ➡ 3分
HT99A (1.6ℓ)	手動 ➡ 煮物1-1 ➡ 3分

2 きゅうり、セロリは縦半分に切ってから斜め薄切り、パプリカは細切りにする。赤玉ねぎは薄切りにして水にさらして水けをきる。

3 1、2をBであえる。器に盛り、香菜をのせ、お好みで粗く刻んだピーナッツをちらす。

※ 味替えバージョン 中華風春雨サラダ まぜ技ユニット ※※※※※※※※※※※

材料〈4人分〉・作り方

春雨(乾燥・ショートタイプ)…50g
むきえび… 150g
鶏ひき肉… 250g
にんじん… ⅓～½本
A ［ しょうゆ、酒、ごま油…各大さじ1
 ［ 水… 70㎖
きゅうり… 1本
玉ねぎ… ¼個
B ［ しょうゆ… 小さじ2
 ［ 酢… 大さじ2
 ［ サラダ油、ごま油…各大さじ1½
 ［ いりごま(白)… 小さじ1

1 えびは背わたを取る。内鍋に鶏ひき肉、えび、せん切りにしたにんじん、Aを入れてよく混ぜる。春雨はさっと水でぬらしてからのせる。まぜ技ユニットをセットする。

スイッチオン！ HW16G・24G／HW16F・24F／HW16E・24E／HW16D／HW24C
手動で作る ➡ 炒める ➡ 3分で加熱する。
加熱終了後、バットなどに移して冷ます。

HT24B (2.4ℓ)	手動 ➡ 煮物2-1 ➡ 3分
HT99B／HT16E (1.6ℓ)	手動 ➡ 煮物2-1 ➡ 3分
HT99A (1.6ℓ)	手動 ➡ 煮物1-1 ➡ 3分

2 きゅうりは縦半分に切ってから斜め薄切り、玉ねぎは薄切りにして水にさらして水けをきる。

3 1、2をBであえる。

彩りがよく、食卓が華やかに！
おもてなしにもオススメ！

本国では「パット・パック・ルアムミット」といいます。
オイスターソースとナンプラーを使った辛くない定番野菜炒めです。

タイ風野菜炒め

材料〈4人分〉・**作り方**

豚肩ロース薄切り肉…100g
にんじん…⅓本
キャベツ…⅙個(200g)
カリフラワー…½株(200g)
さやいんげん…8本
ヤングコーン…6本

A ┌ にんにく(みじん切り)…2かけ
　│ サラダ油…小さじ1
　│ オイスターソース…大さじ1
　│ ナンプラー…大さじ½
　│ しょうゆ、砂糖、鶏ガラスープの素
　│ 　…各小さじ1
　└ 塩…少々

1 豚肉は4cm幅に切る。にんじんは3mm厚さの輪切りにする。キャベツはざく切りにする。さやいんげんは2〜3等分の長さに切る。カリフラワーは小房に分ける。ヤングコーンは斜め半分に切る。

2 内鍋ににんじん、ほぐした豚肉、キャベツ、カリフラワー、さやいんげん、ヤングコーンの順に入れる(豚肉はかたまらないよう、できるだけ野菜の間に入れる)。上からAをかけ、まぜ技ユニットをセットする。

スイッチオン! HW16G・24G/HW16F・24F/HW16E・24E/HW16D/HW24C
手動で作る ➡ 炒める ➡ 3分で加熱する。

HT24B(2.4ℓ)	手動 ➡ 煮物2-1 ➡ 3分
HT99B／HT16E(1.6ℓ)	手動 ➡ 煮物2-1 ➡ 3分
HT99A(1.6ℓ)	手動 ➡ 煮物1-1 ➡ 3分

えびの旨みが溶け込んだ世界三大スープのひとつ。
ライムの酸味と唐辛子の辛味が絶妙です。

トムヤムクンスープ　⟨まぜ技ユニット⟩

材料〈4人分〉・作り方

えび（殻つき・あれば有頭）…8尾
赤玉ねぎ（または玉ねぎ）…½個
ブラウンマッシュルーム
　（またはホワイトマッシュルーム）…6個
A ⎡ トムヤムペースト（市販）…30〜40g
　｜ 水…3¼カップ
　⎣ ライム（またはレモン）果汁…大さじ1½

One point

Aの水¼カップをココ
ナッツミルク¼カップに
置き換えて加えると、よ
り濃厚でクリーミーな味
わいになります。

1 えびは剣先、背わたを取り、水けをしっ
かりとふく。赤玉ねぎは薄切り、マッシュ
ルームは根元の汚れている部分を取り、
縦半分に切る。

2 内鍋にA、1を入れ、まぜ技ユニットをセッ
トする。

スイッチ
オン！ HW16G・24G／HW16F・24F／HW16E・24E／HW16D／HW24C
手動で作る ➡ スープを作る ➡ まぜる ➡ 10分で加熱する。

HT24B (2.4ℓ)	手動 ➡ カレー・スープ1-1 ➡10分
HT99B／HT16E (1.6ℓ)	手動 ➡ カレー・スープ1-1 ➡10分
HT99A (1.6ℓ)	手動 ➡ 煮物1-1 ➡10分

＊トムヤムペーストがかたい場合は、少し水で溶き
のばすようにして溶かして入れるとよい。味を見て
ナンプラーを足す。

3 器に盛り、お好みで香菜を添える。

「フォー」とは米粉で作った平打ちめん、「ガー」は鶏肉のこと。
鶏だしとニョクマムのあっさりした味わいでが人気で、
現地では朝食でも食べられているそうです。

フォーガー
（まぜ技ユニット）

材料〈2人分〉・作り方

フォー…100g
鶏むね肉…1枚(300g)
もやし…½パック(100g)
赤玉ねぎ(または玉ねぎ)…¼個

A ┌ 水…4カップ
  │ 酒…大さじ1
  │ 鶏ガラスープの素…小さじ2
  │ ニョクマム(またはナンプラー)、
  │ ライム果汁(またはレモン汁)
  └ …各大さじ1

香菜(2cm長さに切る)、
　　　ライム(くし形切り)…各適量

1 沸騰した湯にフォーを4〜5分つけてもどし、冷水で冷やして水けをきっておく。赤玉ねぎは薄切りにする。鶏肉は皮を取り、水けをしっかりふく。

2 内鍋に**1**の鶏肉、**A**を入れ、まぜ技ユニットをセットする。

スイッチオン！ HW16G・24G／HW16F・24F／HW16E・24E／HW16D／HW24C
メニューを選ぶ ➡ カテゴリーで探す ➡ めん類 ➡ ちゃんぽんで加熱する。

HT24B (2.4ℓ)	自動 ➡	めん類 5-6
HT99B／HT16E (1.6ℓ)	自動 ➡	めん類 5-6

＊HT99A(1.6ℓ)の機種には対応キーがありません。

3 途中、報知音が鳴ったらふたを開け、やけどに気をつけて鶏肉を取り出し、斜め薄切りにする。もやし、赤玉ねぎを加えて再びスタートを押して加熱する。加熱終了後、**1**のフォーを加えて1分ほどおく。

4 器に**3**を盛り、香菜、ライムを添える。

あると違う！

ニョクマム
ベトナムの魚醤でカタクチイワシなどが主な原料。ナンプラーに比べて塩味はマイルドですが、香りが強め。少し加えるだけで独特のコクと旨みが出せます。ナンプラーで代用も可。

フォー
米粉特有のモチッとした食感とツルツルした食感を併せ持つ平打ちのめん。鶏肉以外に牛肉やえびを入れたフォーもおすすめです。フォーがない場合は、冷凍うどんやそうめんでも代用できます。

澄んだスープが
体にじんわりしみわたる！

フレッシュな野菜とハーブは
お好きなだけどうぞ！

「バインセオ」とはベトナム南部の屋台の粉もの料理です。
生地は薄力粉と卵、ココナッツミルクで風味よく仕上げました。
たっぷりの具材をはさんで、甘酢だれをつけていただきましょう。

バインセオ風オムレツ まぜ技ユニット

材料〈内鍋1個分〉•**作り方**

A ┌ 薄力粉 … 大さじ1½
  │ ココナッツミルク… 大さじ3
  │ 卵 … 2個
  └ ターメリック(あれば) … 小さじ⅓
もやし … ½パック(100g)
豚バラ薄切り肉 … 100g
塩、こしょう … 各少々
サラダ油 … 大さじ1
B ┌ ニョクマム(またはナンプラー)、
  │   酢、水 … 各大さじ1
  │ 砂糖 … 大さじ½
  │ 赤唐辛子(みじん切り) … 小さじ½
  │ にんにく(みじん切り) … ½かけ
  │ 大根(せん切り) … 15g
  │ にんじん(せん切り) … 10g
  └ 塩 … 少々
サニーレタス、えごまの葉、
  ミント(葉を摘み取る)、
  香菜(2㎝長さに切る)
  … 各適量

1 ボウルに**A**を入れて泡立て器でよく混ぜる。豚肉は4㎝幅に切る。

2 内鍋にサラダ油を引き、**1**の**A**を入れる。
＊ステンレス鍋の場合、内鍋にくっつかないタイプのアルミホイルを敷いて入れる。

スイッチオン！ HW16G•24G／HW16F•24F／HW16E•24E／HW16D／HW24C
手動で作る ➡ 好みの設定加熱 ➡ 強火 ➡ まぜない ➡ 25分で加熱する。
＊この機能がない場合は、手動⇒煮物⇒まぜない⇒25分で加熱する。

HT24B (2.4ℓ)	手動 ➡ 煮物2-2 ➡ 25分
HT99B／HT16E (1.6ℓ)	手動 ➡ 煮物2-2 ➡ 25分
HT99A (1.6ℓ)	手動 ➡ 煮物1-2 ➡ 25分

裏返して加熱延長(10分)し、皿に取り出す。

3 内鍋を洗わずに豚肉、もやしの順にのせ、塩、こしょうをし、まぜ技ユニットをセットする。

スイッチオン！ HW16G•24G／HW16F•24F／HW16E•24E／HW16D／HW24C
手動で作る ➡ 炒める ➡ 3分で加熱する。

HT24B (2.4ℓ)	手動 ➡ 煮物2-1 ➡ 3分
HT99B／HT16E (1.6ℓ)	手動 ➡ 煮物2-1 ➡ 3分
HT99A (1.6ℓ)	手動 ➡ 煮物1-1 ➡ 3分

4 たれを作る。**B**の大根、にんじんは塩少々(分量外)でもんで水けを絞る。残りの**B**の材料を混ぜ合わせる。

5 器に**2**と**3**を盛りつけ、**4**のたれを添える。サニーレタス、えごまの葉に**2**、**3**、ミントや香菜をのせて包みながら食べる。

One point

オムレツの形を折り曲げたいときは、熱いうちに軽くたたみます。

ベトナムでは日常的におかゆを食べる習慣があります。
鶏のだしがきいていて、薬味との相性もバッチリです！

ベトナム風鶏がゆ

材料〈4人分〉**・作り方**

ジャスミンライス（または白米）…120g

鶏もも肉…1枚(300g)

塩…小さじ½

しょうが(薄切り)…3枚

水…4½カップ

A ┌ ニョクマム（またはナンプラー）
  │ …大さじ½
  └ 塩…少々

小ねぎ(小口切り)、香菜(1cm長さに切る)、
　フライドオニオン（または揚げエシャロット）
　…各適量

1 鶏肉は肉からはみ出ている余分な脂と皮を除く。ペーパータオルで水けをしっかりとふき、塩をもみ込む。

2 米はさっと洗って内鍋に入れ、分量の水も入れる。1の鶏肉を皮目を下にして入れ、しょうがをのせる。

スイッチオン！ HW16G・24G／HW16F・24F／HW16E・24E／HW16D／HW24C
手動で作る ➡ 煮物を作る ➡ まぜない ➡ 20分で加熱する。

＊加熱終了後、汁けが多く米がかたければ、加熱延長(5〜10分)する。

HT24B (2.4ℓ)	手動 ➡ 煮物2-2 ➡ 20分
HT99B／HT16E (1.6ℓ)	手動 ➡ 煮物2-2 ➡ 20分
HT99A (1.6ℓ)	手動 ➡ 煮物1-2 ➡ 20分

3 2から鶏肉を取り出して食べやすい大きさに切る。おかゆにAを加えて軽く混ぜ、器に盛る。鶏肉、小ねぎ、香菜、フライドオニオンをのせる。

ベトナム北部で食べられている定番スープです。
しじみの旨みとトマトの酸味が疲れた体を元気にしてくれます。

ベトナム風しじみとトマトのスープ

材料〈4人分〉・**作り方**

しじみ(砂抜き済み)…150g
トマト…1個
絹ごし豆腐…200g
A ┌ 水…3カップ
  │ 鶏ガラスープの素…小さじ2
  │ ニョクマム(またはナンプラー)
  └   …大さじ½
青じそ(1cm四方に切る)、
    レモン(くし形切り)…各適量

1 トマトは2cm角のざく切りにする。豆腐は3〜4cm角に切る。

2 内鍋にしじみ、Aを入れる。

スイッチ
オン！ HW16G・24G／HW16F・24F／HW16E・24E／HW16D／HW24C
手動で作る ➡ スープを作る ➡ まぜない ➡ 5分で加熱する。

HT24B (2.4ℓ)	手動 ➡	カレー・スープ 1-2 ➡	5分
HT99B／HT16E (1.6ℓ)	手動 ➡	カレー・スープ 1-2 ➡	5分
HT99A (1.6ℓ)	手動 ➡	煮物 1-2 ➡	5分

3 加熱終了後、トマトと豆腐を加えて加熱延長(7分)する。器に盛り、青じそをのせ、レモンを添えてお好みで絞る。

インドでビリヤニはおめでたい日に振る舞われるごちそう料理。
香り米のバスマティライスを鶏肉と野菜、スパイスと一緒に炊き込みます。
野菜をヨーグルトであえた「ライタ」をかけながら食べるのが本場流です。

ビリヤニ風ライス

材料〈2合分・3〜4人分〉•**作り方**

バスマティライス…2合(300g)

鶏手羽元…5本

　（または鶏もも肉…1枚〈300g〉）

フライドオニオン…大さじ4

香菜…1〜2株

水…1½カップ

A
- プレーンヨーグルト…大さじ3
- トマトケチャップ…大さじ1
- 塩、鶏ガラスープの素…各小さじ1・½
- ターメリック、チリパウダー…各小さじ1
- シナモンパウダー、クミンパウダー、
　コリアンダーパウダー…各小さじ½
- クローブ、カルダモン(あれば・軽くつぶす)
　　…各3粒
- しょうが(みじん切り)…小さじ1
- にんにく(みじん切り)…2かけ

B
- プレーンヨーグルト…½カップ
- 塩、チリパウダー…各少々
- きゅうり(みじん切り)…大さじ2
- トマト(種を除いてみじん切り)…大さじ1

1 香菜は根と茎を刻み、葉はトッピング用に2cm長さに切っておく。ボウルに鶏手羽元、**A**を入れてしっかりともみ込み、できれば冷蔵庫で30分以上ねかせる。鶏もも肉を使う場合は、4等分に切り、同様にねかせる。

2 米はさっと洗ってざるで水けをしっかりときり、内鍋に入れる。分量の水を加え、**1**の肉を汁ごとそっとのせる。フライドオニオン、香菜の根と茎ものせる。

スイッチオン！ HW16G・24G／HW16F・24F／HW16E・24E／HW16D／HW24C
手動で作る ➡ 煮物を作る ➡ まぜない ➡ 30分で加熱する。

HT24B (2.4ℓ)	手動 ➡ 煮物2-2	30分
HT99B／HT16E (1.6ℓ)	手動 ➡ 煮物2-2	30分
HT99A (1.6ℓ)	手動 ➡ 煮物1-2	30分

3 米のかたさを見て、少しかたいようであれば、水½カップ(分量外)をまわしかけ、軽く上下を返すように混ぜ、加熱延長(10分)する。クローブ、カルダモンを取り除き、米をさっくりと混ぜる。

4 器に**3**を盛り、**1**の香菜の葉、お好みで赤玉ねぎの薄切りをのせる。混ぜ合わせた**B**を添え、ごはんにかけながら食べる。

One point

ジャスミンライスを使う場合、作り方3で、少しかたいときは、水の量をバスマティライスより少なめに¼カップ程度まわしかけ、加熱延長(10分)してください。

あると違う！

バスマティライス(左)、**ジャスミンライス**(右)
バスマティライスはインドやパキスタンなどで生産される米でナッツに似た香りが特徴。ジャスミンライスはタイで生産される米でジャスミンの花のような香りが楽しめます。どちらの香り米もスパイシーな味つけと相性抜群です。

「ダルカレー」は豆カレーのことで、2〜3種類の豆と野菜を煮込みます。
豆の深いコクが味わえるので、お肉を使わなくても満足感があります。
今回は煮る時間が短くてすむ手軽なレンズ豆を使っています。

ダルカレー （まぜ技ユニット）

材料〈3〜4人分〉・**作り方**

レンズ豆(乾燥)…200g
玉ねぎ…1個
香菜の根と茎…1株
トマト…½個

A
水…4カップ
プレーンヨーグルト…大さじ2
カレー粉…大さじ1½
しょうが(すりおろし)…小さじ2
にんにく(みじん切り)…2かけ
バター…15g
塩…小さじ1½

スパイスライス(または温かいごはん)
…適量

1 レンズ豆は洗って水けをきる。香菜は根と茎を刻む。玉ねぎはみじん切りにする。トマトは1cm角に切る。

2 内鍋に**1**のレンズ豆、香菜の根と茎、玉ねぎ、トマト、**A**の順に入れ、まぜ技ユニットをセットする。

スイッチオン！ HW16G・24G／HW16F・24F／HW16E・24E／HW16D／HW24C
手動で作る ➡ 煮物を作る ➡ まぜる ➡ 40分で加熱する。

HT24B (2.4ℓ)	手動 ➡	煮物2-1 ➡	40分
HT99B／HT16E (1.6ℓ)	手動 ➡	煮物2-1 ➡	40分
HT99A (1.6ℓ)	手動 ➡	煮物1-1 ➡	40分

3 器にスパイスライスまたはごはんを盛り、**2**をかける。

One point

お好みでゆで卵をトッピングして食べてもおいしいです。余った香菜の葉はサラダにしても◎。

❉ スパイスライス ❉

材料〈作りやすい分量〉・**作り方**

ジャスミンライス(またはバスマティライス)
…2合(300g)
水…300㎖(＊バスマティライスの場合は
水350〜400㎖)
塩…小さじ¼
バター…5g

A
シナモンスティック…2cm
カルダモン(粒)…2〜3粒
黒こしょう(粒)…8粒
ローリエ…2枚

1 ジャスミンライスはさっと洗ってざるで水けをきり、内鍋に入れる。分量の水を加え、塩を混ぜてから、**A**とバターをのせる。

スイッチオン！ HW16G・24G／HW16F・24F／HW16E・24E／HW16D／HW24C
手動で作る ➡ 煮物を作る ➡ まぜない ➡ 30分で加熱する。

HT24B (2.4ℓ)	手動 ➡	煮物2-2 ➡	30分
HT99B／HT16E (1.6ℓ)	手動 ➡	煮物2-2 ➡	30分
HT99A (1.6ℓ)	手動 ➡	煮物1-2 ➡	30分

＊米がかたい場合は、上下を軽く返して水¼カップ〜⅓カップ(分量外)まわしかけ、加熱延長(10分)する。

2 スパイス・ハーブ類は取り除き、米をさっくりと混ぜる。

One point

炊飯器の場合は、米をさっと洗って、2合の目盛りより3mmほど下に水加減して、「早炊き」など加熱時間の短いコースで炊飯してください。

「サブジ」は、野菜をスパイスで炒め煮または蒸し煮にしたインドの家庭料理。
ホットクックなら野菜を替えるだけで簡単にバリエーションが楽しめます。

じゃがいもとカリフラワーのサブジ

材料〈4人分〉・作り方
じゃがいも…2個
カリフラワー…150g
トマト…½個
A ┌ サラダ油…大さじ1
　├ 赤唐辛子(あれば)…1本
　└ クミンシード(あれば)…小さじ½
B ┌ カレー粉…小さじ2
　└ 塩…小さじ½

1 じゃがいもは2cm角に切り、さっと水にさらして水けをきる。カリフラワーは根元から2〜3cmの小房を切り分ける。トマトは2cm角に切る。

2 内鍋に**A**を入れてから、**1**をじゃがいも、カリフラワー、トマトの順にのせ、**B**を上から全体にふりかける。まぜ技ユニットをセットする。

スイッチオン！
HW16G・24G／HW16F・24F／HW16E・24E／HW16D／HW24C
手動で作る ➡ 煮物を作る ➡ まぜる ➡ 10分で加熱する。

HT24B(2.4ℓ)	手動 ➡ 煮物2-1 ➡ 10分
HT99B／HT16E(1.6ℓ)	手動 ➡ 煮物2-1 ➡ 10分
HT99A(1.6ℓ)	手動 ➡ 煮物1-1 ➡ 10分

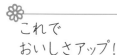
これで
おいしさアップ！

カレー粉の代わりに、クミンパウダー、コリアンダーパウダー、ターメリックを各小さじ½、チリパウダーを小さじ¼に替えると、よりスパイシーで本格的な味わいになります。

※※ サブジバリエーション ※※

定番野菜があっという間に異国料理に大変身！

キャベツと玉ねぎのサブジ

（まぜ技ユニット）

材料〈4人分〉・**作り方**

キャベツ…⅓個(400g)
玉ねぎ…¼個

A
サラダ油…大さじ1
赤唐辛子(あれば)…1本
クミンシード(あれば)…小さじ½
にんにく(みじん切り)…1かけ

B
カレー粉…小さじ2
塩…小さじ½

1 キャベツはざく切り、玉ねぎは薄切りにする。

2 内鍋に**A**を入れてから**1**をのせ、**B**を上から全体にふりかける。まぜ技ユニットをセットする。

スイッチ
オン！ HW16G・24G／HW16F・24F／HW16E・24E／HW16D／HW24C
手動で作る ➡ 炒める ➡ 4分で加熱する。

HT24B (2.4ℓ)	手動 ➡ 煮物2-1 ➡	4分
HT99B／HT16E (1.6ℓ)	手動 ➡ 煮物2-1 ➡	4分
HT99A (1.6ℓ)	手動 ➡ 煮物1-1 ➡	4分

野菜の旨みとココナッツの甘い香りが最高！

オクラのココナッツ風味サブジ

（まぜ技ユニット）

材料〈4人分〉・**作り方**

オクラ…2パック
さやいんげん…8本
玉ねぎ…¼個

A
サラダ油…大さじ1
赤唐辛子(あれば)…1本
クミンシード(あれば)
…小さじ½
にんにく(みじん切り)
…1かけ

B
カレー粉…小さじ2
ココナッツファイン(または
ココナッツロング)…小さじ1
塩…小さじ½

ココナッツファイン(またはココ
ナッツロング・トッピング用)
…小さじ1

1 オクラは塩(分量外)をまぶしてこすり、さっと洗って2〜3等分に切る。さやいんげんは3〜4等分に切る。玉ねぎは薄切りにする。

2 内鍋に**A**を入れてから**1**を入れ、**B**を上から全体にふりかける。まぜ技ユニットをセットする。

スイッチ
オン！ HW16G・24G／HW16F・24F／HW16E・24E／HW16D／HW24C
手動で作る ➡ 炒める ➡ 3分で加熱する。

HT24B (2.4ℓ)	手動 ➡ 煮物2-1 ➡	3分
HT99B／HT16E (1.6ℓ)	手動 ➡ 煮物2-1 ➡	3分
HT99A (1.6ℓ)	手動 ➡ 煮物1-1 ➡	3分

3 器に**2**を盛り、トッピング用のココナッツファインをかける。

インド

「ナシ」がごはん、「レン」が炒めるという意味で、屋台メニューとして人気の焼き飯。
鶏肉とえび両方入っていて、あれもこれも食べたい欲張りさんにおすすめです。
米はジャスミンライスを使うとより本場の味わいに。

ナシゴレン風炊き込みごはん

材料 〈3〜4人分〉**・作り方**
米（ジャスミンライス）…2合
鶏むね肉…½枚(150g)
むきえび…80g
赤玉ねぎ（または玉ねぎ）…¼個
塩、こしょう…各適量
水…1½カップ

A ┌ にんにく（みじん切り）…2かけ
  │ 豆板醬…大さじ1
  │ 中濃ソース…大さじ1
  │ しょうゆ…大さじ1½
  │ サラダ油…大さじ½
  │ コリアンダーパウダー（あれば）…少々
  └ レモングラス（ドライ・あれば）…4本
えびせんべい、目玉焼き（フライパンで焼く）、
  きゅうり（斜め切り）…各適量

1 鶏肉は皮を取り、2cm四方に切り、**A**をもみ込む。赤玉ねぎは1cm四方に切る。えびは背わたを取り、水けをしっかりとふいて塩、こしょうをまぶす。

2 米はさっと洗い、ざるで水けをしっかりときり、内鍋に入れて分量の水を加える。上に1の鶏肉を調味料ごとのせ、えび、赤玉ねぎものせる。

スイッチ オン！ HW16G・24G／HW16F・24F／HW16E・24E／HW16D／HW24C
手動で作る ➡ 煮物を作る ➡ まぜない ➡ 30分で加熱する。

HT24B (2.4ℓ)	手動 ➡ 煮物2-2 ➡	30分
HT99B／HT16E (1.6ℓ)	手動 ➡ 煮物2-2 ➡	30分
HT99A (1.6ℓ)	手動 ➡ 煮物1-2 ➡	30分

3 加熱終了後、レモングラスは取り除いて米をさっくりと混ぜる。器に盛り、えびせんべい、目玉焼き、きゅうりを添える。

❀
これで
おいしさアップ！

本場では「サンバル」という、チリソースのような辛味調味料を使いますが、今回は豆板醬で手軽に辛味をプラスします。

刺激的な甘辛エスニック!
トッピングでおいしさマシマシ!

野菜は時間差で加えてシャキシャキ感と彩りをキープ！
お好みでフライドオニオン、目玉焼きをトッピングしてください。

ミーゴレン風焼きそば まぜ技ユニット

材料〈2人分〉**・作り方**

中華蒸しめん(焼きそば用)…2袋
もやし…150g
赤玉ねぎ(または玉ねぎ)…¼個
パプリカ(赤)…½個
小松菜…1株
むきえび…100g
錦糸卵(市販)…適量
塩、こしょう…各適量
サラダ油…大さじ1

A
┌ ナンプラー、しょうゆ、
│   トマトケチャップ…各大さじ1
│ さとうきび糖(または砂糖)…大さじ1⅓
│ 酢…大さじ1
│ 鶏ガラスープの素…小さじ1
│ チリパウダー…小さじ½
│ クミンパウダー…小さじ⅓
└ こしょう…少々

1 赤玉ねぎは薄切り、パプリカは細切りにする。小松菜は4cm長さに切る。えびは背わたを取り、水けをしっかりとふいて塩、こしょうをまぶす。

2 内鍋にサラダ油、**1**の赤玉ねぎ、えび、小松菜の茎を順に入れる。まぜ技ユニットをセットする。

スイッチオン！ HW16G・24G／HW16F・24F／HW16E・24E／HW16D／HW24C
手動で作る ➡ 炒める ➡ 4分で加熱する。

HT24B (2.4ℓ)	手動 ➡ 煮物2-1 ➡ 4分
HT99B／HT16E (1.6ℓ)	手動 ➡ 煮物2-1 ➡ 4分
HT99A (1.6ℓ)	手動 ➡ 煮物1-1 ➡ 4分

3 加熱終了後、もやし、ほぐした中華めん、パプリカ、小松菜の葉を順にのせる。上から**A**をかけ、さらに加熱延長(7分)する。加熱終了後、錦糸卵を加えて混ぜる。
＊ステンレス鍋の場合、中華めんが直接、鍋にあたらないよう、中心に入れる。

牛肉や鶏肉などを複数のスパイスとココナッツミルクで煮込んだ料理。
濃厚な味わいは一度食べたら忘れられないほど絶品です。

ルンダン

材料〈4人分〉**・作り方**

牛すね肉 …600g

塩 …小さじ⅔

玉ねぎ …½個

A{
　にんにく(みじん切り) …2かけ
　しょうが(すりおろし) …小さじ2
　パプリカパウダー …小さじ2
　コリアンダーパウダー、
　　クミンシード、ターメリック
　　…各小さじ⅔
　シナモンスティック(あれば) …½本
　レモングラス(ドライ・あれば) …4本
　ココナッツミルク …1カップ
　レモン果汁 …大さじ1
　タマリンド(あれば) …小さじ1
　塩 …少々
}

1 牛肉は5cm角に切り、塩をまぶす。玉ねぎは
粗みじん切りにする

2 内鍋に**1**、**A**を入れる。

スイッチオン！ HW16G・24G／HW16F・24F／HW16E・24E／HW16D／HW24C
手動で作る ➡ 煮物を作る ➡ まぜない ➡ 1時間で加熱する。

HT24B (2.4ℓ)	手動 ➡ 煮物2-2	➡ 1時間
HT99B／HT16E (1.6ℓ)	手動 ➡ 煮物2-2	➡ 1時間
HT99A (1.6ℓ)	手動 ➡ 煮物1-2	➡ 1時間

3 シナモンスティック、レモングラスは取り除い
て食べる。

あると違う！

タマリンド
独特の酸味と甘味が特徴のマメ科の果物のペースト。プルーンや梅干しなどに酸味を加えたような味わいで、タイ料理のパッタイに足しても◎。ない場合はプルーン2個を刻んで、レモン汁を分量より増やして味を調節するとおいしく作れます。

名前からするとなんだか難しそうなイメージですが
ホットクックに骨付き肉とスパイスを入れて煮込むだけ！
スルリと肉離れがよく、とってもやわらかです。

肉骨茶
（バクテー）

材料〈4人分〉**・作り方**

豚スペアリブ… 800g

玉ねぎ… 1個

干ししいたけ… 2枚

にんにく(薄皮をむいてまるごと)
　　… 4かけ

しょうが(薄切り)… 4枚

A
```
┌ 水…4カップ
│ 酒… 大さじ2
│ 黒こしょう(粒)… 小さじ1
│ シナモンスティック
│　　… ⅓～½本
│ クローブ… 4粒
│ 八角… ½個
└ 塩… 小さじ⅔～1
```

1 干ししいたけは水につけてもどし、石づきを取って薄切りにする。玉ねぎは4等分に切る。

2 下ゆでとして、内鍋に豚肉、かぶる程度の水（分量外・水位線以下）を入れる。

スイッチ
オン！ HW16G・24G／HW16F・24F／HW16E・24E／HW16D／HW24C
手動で作る ➡ 煮物を作る ➡ まぜない ➡ 10分で加熱する。

HT24B (2.4ℓ)	手動 ➡ 煮物2-2	➡ 10分
HT99B／HT16E (1.6ℓ)	手動 ➡ 煮物2-2	➡ 10分
HT99A (1.6ℓ)	手動 ➡ 煮物1-2	➡ 10分

3 内鍋の湯を一度捨て、きれいに洗う。内鍋に**2**の豚肉、**1**、にんにく、しょうが、**A**を入れる。

スイッチ
オン！ HW16G・24G／HW16F・24F／HW16E・24E／HW16D／HW24C
手動で作る ➡ スープを作る ➡ まぜない ➡ 50分で加熱する。

HT24B (2.4ℓ)	手動 ➡ カレー・スープ1-2	➡ 50分
HT99B／HT16E (1.6ℓ)	手動 ➡ カレー・スープ1-2	➡ 50分
HT99A (1.6ℓ)	手動 ➡ 煮物1-2	➡ 50分

4 シナモンスティック、クローブ、八角は取り除いて食べる。

体の芯までじんわり温まる

鶏肉の旨みが
ごはんにしみしみ♡

しっとりした蒸し鶏はホットクックの得意ワザ！
2種類のたれは混ぜるだけだから超簡単！
お好みでかけて味変しながら食べてください。

シンガポールチキンライス

材料〈2合分・約4人分〉**・作り方**

ジャスミンライス（または白米）… 2合

鶏もも肉 … 2枚（600g）

塩 … 少々

しょうが（せん切り）… ½かけ

レモングラス（ドライ・あれば）… 4～6本

A ┌ ナンプラー、酒 … 各大さじ1
　└ 水 … 1½カップ

トマト（くし形切り）、きゅうり（斜め薄切り）、
　ライム（くし形切り）、香菜（2cm長さに切る）
　　… 各適量

B ┌ 小ねぎ（小口切り）… 大さじ1½
　│ しょうが（すりおろし）… 大さじ1
　│ オイスターソース、ナンプラー
　│ 　… 各大さじ1
　│ 砂糖 … 大さじ½
　│ レモン果汁 … 大さじ1弱
　└ サラダ油 … 小さじ1

C ┌ スイートチリソース … 大さじ2
　│ ナンプラー、レモン果汁 … 各小さじ1
　└ 赤唐辛子（輪切り）… ひとつまみ

1 鶏肉は肉からはみ出ている余分な皮と脂を取り、ペーパータオルでしっかりと水けをふいて塩をまぶす。

2 米はさっと洗い、ざるで水けをしっかりときり、内鍋に入れる。Aを入れて平らにならし、鶏肉を皮目を下にしてのせ、しょうが、レモングラスを空いているところに入れる。

スイッチ
オン！　HW16G・24G／HW16F・24F／HW16E・24E／HW16D／HW24C
手動で作る ➡ 煮物を作る ➡ まぜない ➡ 35分で加熱する。

HT24B (2.4ℓ)	手動 ➡ 煮物2-2 ➡ 35分	
HT99B／HT16E (1.6ℓ)	手動 ➡ 煮物2-2 ➡ 35分	
HT99A (1.6ℓ)	手動 ➡ 煮物1-2 ➡ 35分	

3 炊き上がったらすぐに鶏肉を取り出し、レモングラスを取り除いて米をさっくりと混ぜる。鶏肉は食べやすい大きさに切る。

4 器に**3**を盛り合わせ、香菜、トマト、きゅうり、ライムを盛り、混ぜ合わせた**B**、**C**のたれを添える。

Republic of the Philippines ❀ フィリピン

「アドボ」とは、鶏肉と野菜を酢で煮込んだフィリピンの家庭料理。
鶏もも肉を骨付きの鶏肉や豚かたまり肉にアレンジしてもおいしいです。

アドボ まぜ技ユニット

材料〈4人分〉**・作り方**

鶏もも肉 … 小3枚(750〜800g)

玉ねぎ … ½個

A
┌ しょうゆ … 大さじ4〜4½
│ 酢 … 大さじ4
│ 黒砂糖(または砂糖) … 大さじ2
│ ローリエ … 2枚
│ にんにく(みじん切り) … 3かけ
│ 黒こしょう(粒) … 小さじ2
└ (または黒こしょう … 適量)

One point

加熱後、汁けが多い場合は、手動で作る⇒煮詰める⇒5〜7分で加熱してもOK! ただし、HW16G・24G／HW16F・24F／HW16Dの機種に限ります。

1 鶏肉は1枚を4〜6等分に切る。玉ねぎはみじん切りにする。

2 内鍋に**1**、**A**を入れ、まぜ技ユニットをセットする。

スイッチオン! HW16G・24G／HW16F・24F／HW16E・24E／HW16D／HW24C
手動で作る ➡ 煮物を作る ➡ まぜる ➡ 30分で加熱する。

HT24B (2.4ℓ)	手動 ➡	煮物2-1 ➡	30分
HT99B／HT16E (1.6ℓ)	手動 ➡	煮物2-1 ➡	30分
HT99A (1.6ℓ)	手動 ➡	煮物1-1 ➡	30分

3 ローリエは取り除く。黒こしょうは多い場合、除いて食べる。

「シニガン」とは、フィリピン版みそ汁で少し酸味のあるさっぱりスープ。
豚肉とたっぷりの野菜が入っていて栄養満点！疲れているときにもおすすめです。

シニガン まぜ技ユニット

材料〈4人分〉・作り方
豚肩ロース薄切り肉 … 300g
玉ねぎ … 1個
なす … 1本
オクラ … 8本
トマト … 1個
青唐辛子(あれば) … 1本
┌ 水 … 3カップ
│ トムヤムクンペースト
│   … 小さじ2
A│ 固形コンソメスープの素 … 1個
└ ナンプラー … 大さじ½

One point

市販のシニガンミックス(タマリンド入り)を使うとより手軽です。酸味はお好みで最後にレモン果汁を足してください。

1 豚肉は4cm幅に切る。玉ねぎは1cm厚さのくし形切る。なすは長さを半分にしてから4〜6等分にスティック状に切り、水にさらす。オクラは塩(分量外)をまぶしてこすり、洗って水けをふいて斜め半分に切る。トマトはざく切り、青唐辛子は刻む。

2 内鍋にA、1の豚肉、玉ねぎ、なす、トマトを入れ、まぜ技ユニットをセットする。

スイッチオン！ HW16G・24G/HW16F・24F/HW16E・24E/HW16D/HW24C
手動で作る ➡ スープを作る ➡ まぜる ➡ 20分で加熱する。

HT24B (2.4ℓ)	手動 ➡	カレー・スープ2-1 ➡	20分
HT99B／HT16E (1.6ℓ)	手動 ➡	カレー・スープ2-1 ➡	20分
HT99A (1.6ℓ)	手動 ➡	煮物1-1 ➡	20分

3 加熱終了後、オクラ、青唐辛子を加え、さらに加熱延長(5分)する。

葉野菜やキムチ、コチュジャンなどと一緒に包んで食べるポッサム。
豚肉に塩、砂糖をまぶしたら、できれば冷蔵庫でひと晩ねかせてください。
肉の旨みとしっとり感が増しておいしさもランクアップします。

ポッサム

材料〈4人分〉**・作り方**

豚かたまり肉(バラ、肩ロースなど)
　…500〜600g
塩 … 小さじ2
砂糖 … 小さじ1
長ねぎ(青い部分・ぶつ切り) … 1本
しょうが(薄切り) … 3枚
白菜キムチ、コチュジャン、
　白髪ねぎ、サニーレタス、
　えごまの葉、サンチュ … 各適量

1 豚肉に塩、砂糖をまぶしてラップで包み、ポリ袋に入れて冷蔵庫でひと晩ねかせる。

2 1の豚肉をさっと洗う。内鍋に豚肉、長ねぎ、しょうがを入れ、肉がかぶる程度の水(分量外・水位線以下)を加える。

スイッチオン！ HW16G・24G／HW16F・24F／HW16E・24E／HW16D・HW24C
手動で作る ➡ 煮物を作る ➡ まぜない ➡ 1時間で加熱する。

HT24B (2.4ℓ)	手動 ➡	煮物2-2 ➡	1時間
HT99B／HT16E (1.6ℓ)	手動 ➡	煮物2-2 ➡	1時間
HT99A (1.6ℓ)	手動 ➡	煮物1-2 ➡	1時間

3 肉を取り出して8mm〜1cm厚さに切り分けて器に盛る。サニーレタスやサンチュ、えごまの葉に、白菜キムチやコチュジャン、白髪ねぎと一緒にのせて包んで食べる。

One point

豚肉をひと晩、ねかせずにそのまま作るときは、塩小さじ1、砂糖小さじ1をまぶして洗わずに使います。

あると違う！

コチュジャン

韓国料理に欠かせない韓国みそ調味料。炒め物、あえ物などの調味料としてはもちろん、ビビンバ、焼き肉のたれと合わせて野菜や肉のたれにするのもおすすめです。

煮るだけなのに見栄えも
ボリュームも文句なし!

甘辛おいしい味つけでごはんが進む韓国の定番家庭料理。
粉唐辛子の量はお好みで調整してください。

プルコギ風炒め

あると違う！

韓国粉唐辛子

キムチ作りに使われる粉末状の唐辛子。辛味がマイルドなので、日本の一味唐辛子などより使いやすいのが特徴。スープ、あえ物などにもおすすめ。

材料〈4人分〉・作り方

牛切り落とし肉…300g
玉ねぎ…½個
しいたけ…4枚
にんじん…⅓本
ピーマン…4個
パプリカ(赤)…½個
塩…少々

A
- しょうゆ、コチュジャン、砂糖
　…各大さじ1
- ごま油…大さじ1½
- 韓国粉唐辛子…大さじ1～1½
- にんにく(すりおろし)、
　しょうが(すりおろし)、いりごま(白)
　…各小さじ1

1 牛肉に塩をふる。しいたけは石づきを取り、玉ねぎとともに薄切り、にんじんはせん切りにする。ピーマン、パプリカは8mm幅の細切りにする。

2 内鍋にほぐした牛肉、Aを入れて混ぜる。上に玉ねぎ、にんじん、しいたけをのせ、まぜ技ユニットをセットする。

＊ステンレス鍋の場合、玉ねぎを下にして、Aと混ぜ合わせた肉をのせる。その上ににんじん、しいたけをのせる。

スイッチオン！ HW16G・24G／HW16F・24F／HW16E・24E／HW16D／HW24C
手動で作る ➡ 炒める ➡ 4分で加熱する。

HT24B (2.4ℓ)	手動 ➡ 煮物2-1 ➡ 4分	
HT99B／HT16E (1.6ℓ)	手動 ➡ 煮物2-1 ➡ 4分	
HT99A (1.6ℓ)	手動 ➡ 煮物1-1 ➡ 4分	

3 加熱終了後、パプリカとピーマンを加え、加熱延長(2分)する。

ピリ辛コク旨の鶏肉にとろ〜りチーズをからませたやみつきおかず！
玉ねぎ、にんじん、キャベツの定番野菜で作れるのもうれしいポイントです。

チーズタッカルビ風炒め　●まぜ技ユニット

材料 〈4人分〉**・作り方**

鶏もも肉 … 小2枚(400〜500g)
玉ねぎ … ½個
にんじん … ½本
キャベツ … ⅓個(400g)

A ┌ コチュジャン … 大さじ2
　│ しょうゆ … 大さじ1½
　│ 韓国粉唐辛子 … 小さじ2
　│ ごま油 … 大さじ1
　└ にんにく(すりおろし) … 小さじ1

溶けるチーズ … 100g(適量)

1 鶏肉は皮を取り、ひと口大にそぎ切りにする。玉ねぎは1cm厚さのくし形切り、にんじんは短冊切り、キャベツは4cm四方に切る。

2 内鍋に鶏肉とAを入れて混ぜる。上に玉ねぎ、にんじんをのせ、まぜ技ユニットをセットする。

スイッチオン！ HW16G・24G／HW16F・24F／HW16E・24E／HW16D／HW24C
手動で作る ➡ 炒める ➡ 4分で加熱する。

HT24B (2.4ℓ)	手動 ➡	煮物2-1 ➡	4分
HT99B／HT16E (1.6ℓ)	手動 ➡	煮物2-1 ➡	4分
HT99A (1.6ℓ)	手動 ➡	煮物1-1 ➡	4分

3 加熱終了後、キャベツをのせて加熱延長(5分)する。

4 加熱延長終了後、ふたを開け、やけどに気をつけて熱いうちに溶けるチーズをのせ、ふたをしてチーズを余熱で溶かす。

野菜と牛肉がたっぷり入ったボリューム満点の炊き込みごはん！
にらは歯ごたえを残したいので最後に加えて余熱で火を通します。

ビビンバ風炊き込みごはん

材料〈3〜4人分〉・**作り方**

米…2合
牛こま切れ肉…200g
大豆もやし…½パック
にんじん…⅓本
ぜんまい水煮…1パック(60g)
にら…⅓把

A
- コチュジャン…大さじ3
- しょうゆ…大さじ1½
- にんにく(すりおろし)…小さじ1
- すりごま(白)…大さじ1
- 酒…小さじ1
- ごま油…大さじ½

コチュジャン…適量

1 米はといで内鍋に入れ、2合の目盛りまでの水加減にする。30分吸水させたら、水½カップを捨てる。

*ステンレス鍋の場合、白米410㎖、無洗米(洗わない)430㎖の水加減にする。

2 牛肉にAをもみ込み、できれば冷蔵庫で30分おく。にんじんは短冊切り、ぜんまい水煮は水けをよくきり、6㎝長さに切る。にらは3㎝長さに切る。

3 1の米に、2の肉を汁ごとのせる。大豆もやし、ぜんまい水煮、にんじんものせる。

スイッチオン！ HW16G・24G/HW16F・24F/HW16E・24E/HW16D/HW24C
手動で作る ➡ 煮物を作る ➡ まぜない ➡ 30分で加熱する。

HT24B (2.4ℓ)	手動 ➡ 煮物2-2 ➡ 30分
HT99B／HT16E (1.6ℓ)	手動 ➡ 煮物2-2 ➡ 30分
HT99A (1.6ℓ)	手動 ➡ 煮物1-2 ➡ 30分

4 加熱終了後、にらを加えて混ぜる。器に盛り、コチュジャンをのせる。

One point

お好みで白菜キムチ、温泉卵を添えるのもおすすめです。

シーフードミックスを使ったお手軽チヂミ！
モチモチの生地は塩、水、卵、薄力粉で簡単に作れます。

海鮮チヂミ

材料〈内鍋1枚分〉**・作り方**

シーフードミックス(冷凍)
　…120g

にら(また小ねぎ)…½把

ごま油…大さじ1

A
- 塩…小さじ¼
- 水…½カップ
- 卵…1個
- 薄力粉…70g

B
- しょうゆ…大さじ1
- 酢…大さじ½
- コチュジャン…小さじ½〜1

1 シーフードミックスは解凍して水けをよくふく。にらは4㎝長さに切る。Aを上から順に混ぜ合わせ、シーフードミックス、にらも加えて混ぜる。

2 内鍋にごま油を引き、**1**を流し入れる。

＊ステンレス鍋の場合、内鍋にくっつかないタイプのアルミホイルを敷いてから生地を流し入れる。

スイッチオン！ HW16G・24G／HW16F・24F／HW16E・24E／HW16D／HW24C
手動で作る ➡ 好みの設定加熱 ➡ 強火 ➡ まぜない ➡ 25分で加熱する。
または手動で作る ➡ 煮物を作る ➡ まぜない ➡ 25分で加熱する。

HT24B (2.4ℓ)	手動 ➡	煮物2-2 ➡	25分
HT99B／HT16E (1.6ℓ)	手動 ➡	煮物2-2 ➡	25分
HT99A (1.6ℓ)	手動 ➡	煮物1-2 ➡	25分

3 加熱終了後、ふたを開け、やけどに気をつけて焼き目がついたら裏返し、さらに加熱延長(10分)する。

4 取り出して食べやすい大きさに切り分ける。器に盛り、混ぜ合わせた**B**を添える。

シャキシャキの歯ごたえが魅力のナムル。
切り干し大根は水けを絞らず軽くきるのがコツです。

切り干し大根ときゅうりのナムル まぜ技ユニット

材料〈4人分〉・作り方

切り干し大根 … 30g

きゅうり … 2本

ごま油 … 大さじ1

A
┌ にんにく(すりおろし) … ½〜1かけ
│ ごま油 … 大さじ1½〜2
│ すりごま(白) … 大さじ1
│ いりごま(白)、しょうゆ、
│   鶏ガラスープの素 … 各小さじ1
└ 塩、こしょう … 各少々

1 切り干し大根は水で洗って水けを絞らずに軽くきり、3等分に切る。きゅうりは軽くめん棒でたたき、4cm長さのスティック状に切る。

2 内鍋に切り干し大根、ごま油を入れて混ぜ、まぜ技ユニットをセットする。

スイッチオン！ HW16G・24G／HW16F・24F／HW16E・24E／HW16D／HW24C
手動で作る ➡ 炒める ➡ 1分で加熱する。

HT24B (2.4ℓ)	手動 ➡ 煮物2-1 ➡ 1分
HT99B／HT16E (1.6ℓ)	手動 ➡ 煮物2-1 ➡ 1分
HT99A (1.6ℓ)	手動 ➡ 煮物1-1 ➡ 1分

3 2にきゅうり、Aを加えてあえる。

あさりのいいおだしと辛味がベストマッチ！
たんぱく質も野菜もとれて大満足の鍋風煮込みです。

豆腐と豚肉のチゲ風煮込み

材料〈4人分〉**・作り方**
長ねぎ… 1本
にら… ½把
　（またはほうれん草…2株）
絹ごし豆腐… 1丁(350g)
あさり(砂抜き済み)… 150g
豚バラまたはロース薄切り肉
　　… 150g
A ┌ 白菜キムチ… 80g
　│ コチュジャン、鶏ガラスープの素
　│ 　… 各大さじ1
　│ しょうゆ… 小さじ1
　│ 水… 4カップ
　└ 酒… 大さじ2
卵黄… 4個

1 長ねぎは1cm厚さの斜め切りにする。にらまたはほうれん草は4cm長さに切る。豆腐は8〜10等分に切る。豚肉は5cm幅に切る。あさりは殻と殻をこすり合わせてよく洗う。

2 内鍋にA、ほぐした豚肉、あさり、長ねぎを入れ、上に豆腐をのせる。

スイッチ
オン！　HW16G・24G／HW16F・24F／HW16E・24E／HW16D／HW24C
手動で作る ➡ スープを作る ➡ まぜない ➡ 15分で加熱する。

HT24B (2.4ℓ)	手動 ➡ カレー・スープ2-2 ➡ 15分
HT99B／HT16E (1.6ℓ)	手動 ➡ カレー・スープ2-2 ➡ 15分
HT99A (1.6ℓ)	手動 ➡ 煮物1-2 ➡ 15分

3 加熱終了後、にらを加え、さらに加熱延長(3分)する。器に盛り、卵黄をのせる。

コチュジャンと粉唐辛子のコクのある辛味が楽しめる濃厚スープ。
旨みのある牛肉入りなのでごはんにかけてもおいしいです。

ユッケジャン風スープ まぜ技 ユニット

材料〈4人分〉・作り方

牛こま切れ肉…200g
大豆もやし…½パック(100g)
小ねぎ…½把
にんじん…½本
しいたけ…2枚
ぜんまい水煮(またはわらび水煮)
　…60g

```
┌ 水…4カップ
│ ダシダ(または鶏ガラスープの素)
│　…小さじ2
│ しょうゆ…大さじ1½
A 韓国粉唐辛子…小さじ1〜1½
│　(または豆板醤…小さじ1)
│ コチュジャン…大さじ2
└ にんにく(みじん切り)…1かけ
```

1 小ねぎ、ぜんまい水煮は4cm長さに切る。にんじんは4cm長さの細切り、しいたけは石づきを取り、薄切りにする。

2 内鍋に1、ほぐした牛肉、大豆もやし、Aを入れ、まぜ技ユニットをセットする。

スイッチ オン! HW16G・24G/HW16F・24F/HW16E・24E/HW16D/HW24C
手動で作る ➡ スープを作る ➡ まぜる ➡ 15分で加熱する。

HT24B(2.4ℓ)	手動 ➡ カレー・スープ2-1	➡ 15分
HT99B/HT16E(1.6ℓ)	手動 ➡ カレー・スープ2-1	➡ 15分
HT99A(1.6ℓ)	手動 ➡ 煮物1-1	➡ 15分

あると違う!

ダシダ

牛肉の旨みとコクが味わえる韓国の粉末状のだしの素。スープ、炒め物、炊き込みごはんなど幅広く使える万能調味料です。なければ鶏ガラスープの素で代用可能です。

韓国では暑気払いのために食べる習慣があるというサムゲタン。
塩味であっさりしたスープはヘルシーで栄養たっぷりです。

サムゲタン風スープ

材料〈4人分〉**・作り方**

鶏手羽元…8本

ごぼう…1本(80g)

長ねぎ…1本

むき甘栗…8粒

もち米(または押し麦、もち麦)
　…¼カップ

にんにく(つぶす)…3かけ

しょうが(薄切り)…1かけ

塩…小さじ½〜⅔

松の実(あれば)…15g

くこの実(あれば)…15g

ナツメ(あれば)…4個

水…4カップ

1 ごぼうはよく洗って皮をこそげ、4cm長さ
に切ってから縦半分に切り、水にさらす。
長ねぎは斜め薄切りにする。

2 内鍋にすべての材料を入れる。

スイッチ
オン！ HW16G・24G／HW16F・24F／HW16E・24E／HW16D／HW24C
手動で作る ➡ スープを作る ➡ まぜない ➡ 50分で加熱する。

HT24B (2.4ℓ)	手動 ➡	カレー・スープ2-2 ➡	50分
HT99B／HT16E (1.6ℓ)	手動 ➡	カレー・スープ2-2 ➡	50分
HT99A (1.6ℓ)	手動 ➡	煮物1-2 ➡	50分

豆板醤、花椒、ラー油をきかせた本格的な味わいなのに
作り方はいたって簡単！材料を切って鍋に入れてスイッチオン！
ごはんにのせて食べてもビールのおつまみにもぴったりです。

四川風麻婆豆腐

豆腐はくずさないように
最後にそっとのせます。

材料〈4人分〉・**作り方**

絹ごし豆腐 … 1丁(350g)

長ねぎ … 10cm

合いびき肉(または豚ひき肉)
　… 100g

A
- しょうが(みじん切り)… 大さじ1
- にんにく(みじん切り)… 2かけ
- 豆板醤 … 大さじ1½
- ごま油 … 大さじ1
- しょうゆ … 小さじ2
- 水 … ¼カップ
- 酒 … 大さじ2
- 鶏ガラスープの素 … 小さじ1
- 片栗粉 … 大さじ1

ラー油 … 適量

花椒(ホアジャオ)(粒・粗く砕くまたはパウダー)
　… 小さじ¼〜½

1 長ねぎはみじん切りにする。豆腐は3cm角に切る。

2 内鍋に**1**の長ねぎ、合いびき肉、**A**を入れて混ぜ、その上に豆腐をそっとのせる。

スイッチオン！ HW16G・24G/HW16F・24F/HW16E・24E/HW16D/HW24C
手動で作る ➡ 煮物を作る ➡ まぜない ➡ 5分で加熱する。

HT24B(2.4ℓ)	手動 ➡ 煮物2-2	➡ 5分
HT99B／HT16E(1.6ℓ)	手動 ➡ 煮物2-2	➡ 5分
HT99A(1.6ℓ)	手動 ➡ 煮物1-2	➡ 5分

3 加熱終了後、豆腐をつぶさないようにそっとヘラで混ぜる。ラー油、花椒をかける。

あると違う！

花椒(ホアジャオ)

しびれるような辛さが特徴で山椒の仲間。中華風の炒め物に加えたり、料理の仕上げにかけるとピリッとした風味になります。粒タイプは砕いてたれやあえものに加えてもおいしい。

ピリリとしびれる
辛さは旨すぎ！

69

これがおうちで食べられるなんて！
ずっと作り続けたいレシピ♡

ボリュームのある豚かたまり肉と彩り野菜で作る酢豚。
まろやかで甘ったるくない黒酢あんがおいしさの決め手です。
いつもの酢豚に飽きてしまった人はぜひ作ってみてください。

黒酢たっぷり酢豚 （まぜ技ユニット）

材料〈4人分〉・作り方

豚バラかたまり肉 … 600g
玉ねぎ … ⅓個
ピーマン … 3個
パプリカ（赤） … ½個
塩、こしょう … 各少々

A ⎰ 黒酢（または酢）、しょうゆ
　　　 … 各大さじ3½
　 黒砂糖 … 大さじ2
　 砂糖 … 大さじ1½
　　（黒砂糖がなければ砂糖大さじ3½）
　 トマトケチャップ … 大さじ½
　 鶏ガラスープの素 … 小さじ1
　 しょうが（すりおろし） … 小さじ1
　 ごま油 … 大さじ1½
　 片栗粉 … 大さじ1

1 豚肉は1.5cm幅に切る。下ゆでとして、内鍋に入れ、かぶる程度の水（分量外・水位線以下）を加える。

スイッチオン！ HW16G・24G／HW16F・24F／HW16E・24E／HW16D／HW24C
手動で作る ➡ 煮物を作る ➡ まぜない ➡ 30分で加熱する。

HT24B (2.4ℓ)	手動 ➡ 煮物2-2 ➡ 30分
HT99B／HT16E (1.6ℓ)	手動 ➡ 煮物2-2 ➡ 30分
HT99A (1.6ℓ)	手動 ➡ 煮物1-2 ➡ 30分

2 内鍋から豚肉を取り出して水けをきり、塩、こしょうをまぶす。内鍋の湯を一度捨て、きれいに洗う。

3 玉ねぎは1〜1.5cm四方に切り、ピーマンは3cm四方、パプリカは2cm四方の乱切りにする。**2**の内鍋に**A**を入れて混ぜ、玉ねぎ、**2**の豚肉、パプリカ、ピーマンの順に重ねる。まぜ技ユニットをセットする。

スイッチオン！ HW16G・24G／HW16F・24F／HW16E・24E／HW16D／HW24C
手動で作る ➡ 炒める ➡ 1分で加熱する。

HT24B (2.4ℓ)	手動 ➡ 煮物2-1 ➡ 1分
HT99B／HT16E (1.6ℓ)	手動 ➡ 煮物2-1 ➡ 1分
HT99A (1.6ℓ)	手動 ➡ 煮物1-1 ➡ 1分

あると違う！

黒酢

米酢や穀物酢と比べて酸味が少なく、まろやかでコクと深みがあるのが特徴。炒め物、餃子のたれ、かたまり肉を煮るときなどにも使えます。

ジューシーな鶏肉とコクのあるカシューナッツのおいしい組み合わせ。
ピーマンとパプリカ、ナッツは後入れして食感と彩りをキープ！

鶏肉のカシューナッツ炒め

材料〈3〜4人分〉・作り方

鶏もも肉…大1枚(350g)
ピーマン…3個
パプリカ(赤)…¼個
長ねぎ…½本
カシューナッツ(無塩・ローストタイプ)
　…80g
塩…小さじ¼
片栗粉…小さじ1

A {
　ごま油…大さじ1½
　にんにく(みじん切り)…1かけ
　オイスターソース、酒…各大さじ1
　酢、しょうゆ…各小さじ1
　しょうが(みじん切り)…½かけ
　赤唐辛子(キッチンばさみで半分に切り、
　　種を取る)…2本
}

1 鶏肉は皮を取り、2cm角に切って塩、片栗粉をまぶす。 ピーマンは2cm四方、パプリカは1.5cm四方の乱切り、長ねぎは1cm長さの輪切りにする。

2 内鍋に1の鶏肉、長ねぎ、Aを入れて軽く混ぜる。まぜ技ユニットをセットする。

スイッチ
オン！
HW16G・24G／HW16F・24F／HW16E・24E／HW16D／HW24C
手動で作る ➡ 炒める ➡ 3分で加熱する。

HT24B (2.4ℓ)	手動 ➡ 煮物2-1 ➡ 3分
HT99B／HT16E (1.6ℓ)	手動 ➡ 煮物2-1 ➡ 3分
HT99A (1.6ℓ)	手動 ➡ 煮物1-1 ➡ 3分

3 加熱終了後、2にパプリカ、ピーマン、カシューナッツを加え、加熱延長(4分)する。

One point

鶏もも肉の代わりに豚ロース、豚バラのかたまり肉を1.5cm角に切って作ってもおいしい。

赤唐辛子の辛味と花椒の香りがたまらない本格的な中華メニュー。
鶏肉は余分な水けをしっかりふいてから加熱するのがコツです。

鶏肉の中国風唐辛子炒め まぜ技ユニット

材料〈4人分〉・作り方

鶏もも肉…2枚(600g)

赤唐辛子…10～15本

花椒(粒)…小さじ1～2
ホアジャオ

　（または花椒パウダー…小さじ¼）

A
　ごま油…大さじ3
　酒…小さじ1
　しょうゆ…大さじ1½
　にんにく(つぶす)…4かけ

塩…少々

1 鶏肉はペーパータオルで水けをよくふき、4cm四方に切る。

2 赤唐辛子はキッチンばさみで半分に切り、種を取る。花椒はポリ袋に入れ、めん棒でたたいてつぶす。

3 内鍋に1、2、Aを入れて混ぜ、まぜ技ユニットをセットする。

スイッチオン！ HW16G・24G／HW16F・24F／HW16E・24E／HW16D／HW24C
手動で作る ➡ 炒める ➡ 5分で加熱する。

HT24B (2.4ℓ)	手動 ➡ 煮物2-1 ➡ 5分
HT99B／HT16E (1.6ℓ)	手動 ➡ 煮物2-1 ➡ 5分
HT99A (1.6ℓ)	手動 ➡ 煮物1-1 ➡ 5分

4 加熱終了後、塩で味をととのえる。

皮までおいしい蒸し鶏に黒酢を使った絶品だれがマッチ！
お好みでクリスピーなピーナッツやラー油をかけてみて。

よだれ鶏

材料〈4人分〉・**作り方**
鶏もも肉 … 小2枚（500g）
長ねぎ（青い部分）… ½本
しょうが（せん切り）… ½かけ
塩 … 小さじ1
こしょう … 少々
酒 … 大さじ½

A
┌ 長ねぎ（みじん切り）… 大さじ1½
│ 黒酢（または酢）… 大さじ3
│ しょうゆ … 大さじ2
│ ラー油 … 大さじ½
│ 黒砂糖 … 小さじ1
│ 砂糖 … 小さじ2
│ にんにく、しょうが（各すりおろし）… 各小さじ½
│ すりごま黒（または白）… 大さじ1
│ 花椒（ホアジャオ）（粒・粗く砕く）… 小さじ½〜⅔
└ 五香粉（ウーシャンフェン）（あれば）… 少々

1 鶏肉は厚みがあるところを包丁で開き、肉からはみ出ている余分な脂と皮を除く。ペーパータオルで水けをよくふき、塩、こしょうをまぶす。長ねぎは斜め薄切りにする。

2 付属の蒸しトレイまたは蒸し板にオーブンシートを敷いて長ねぎ、しょうがをのせる。鶏肉を皮目を上にして、肉同士が重ならないようのせ、酒をかける。

3 内鍋に水1カップ（分量外）を入れて**2**をのせる。

スイッチオン！ HW16G・24G／HW16F・24F／HW16E・24E／HW16D／HW24C
手動で作る➡蒸す➡20分で加熱する。
※HW24Cのみ、「蒸し板を使って蒸す」というキー名称になります。

HT24B (2.4ℓ)	手動 ➡ 蒸し物4 ➡ 20分
HT99B／HT16E (1.6ℓ)	手動 ➡ 蒸し物4 ➡ 20分
HT99A (1.6ℓ)	手動 ➡ 蒸し物2 ➡ 20分

＊火が通っていなければ、加熱延長（5分）して様子をみる。

4 **3**をそぎ切りにして器に盛り、混ぜ合わせた**A**をかける。お好みでラー油、ピーナッツをかけ、香菜を添える。

シーフードミックスを使ったあっさり味の八宝菜。
豚肉に片栗粉をまぶしておくと、自然にとろみがつきます。

海鮮八宝菜 （まぜ技ユニット）

材料〈4人分〉・作り方

豚こま切れ肉…150g

シーフードミックス(冷凍)…150g

白菜…⅙株(300g)

にんじん…⅓本

しいたけ…3枚

きぬさや(筋を取る)…8枚

うずら卵水煮…8個

片栗粉…大さじ1

A ┌ 酒、ごま油…各大さじ2
  │ オイスターソース、しょうゆ…各大さじ1
  │ 鶏ガラスープの素…小さじ2
  │ しょうが(すりおろし)…小さじ1
  │ にんにく(すりおろし)…小さじ½
  │ 塩…小さじ¼
  └ こしょう…少々

1 シーフードミックスは解凍し、水けをふく。豚肉に片栗粉をまぶす。にんじんは短冊切り、しいたけは薄切り、白菜は4〜5cm四方にそぎ切りにする。

2 内鍋にAを入れて混ぜ、豚肉、シーフードミックス、1の野菜、きぬさやの順にのせる。まぜ技ユニットをセットする。

スイッチオン！ HW16G・24G／HW16F・24F／HW16E・24E／HW16D／HW24C
手動で作る ➡ 炒める ➡ 5分で加熱する。

HT24B (2.4ℓ)	手動	➡ 煮物2-1	➡ 5分
HT99B／HT16E (1.6ℓ)	手動	➡ 煮物2-1	➡ 5分
HT99A (1.6ℓ)	手動	➡ 煮物1-1	➡ 5分

3 加熱終了後、うずら卵を加えて混ぜる。

炒め物やスープ、サラダにしてもおいしいビーフン。
米粉からできているのでモチッとした食感がやみつきです。
思い立ったらすぐできるので、ぜひレパートリーに加えてみて！

具だくさんビーフン まぜ技ユニット

ビーフンをもどしたら、冷やしてから水けをよく絞り、ごま油をまんべんなくまぶしておきます。こうすることで内鍋にくっつきづらくなり、めんがボソボソになりません。

材料〈2人分〉・作り方

ビーフン(乾めん)…100g
ごま油…大さじ½
豚バラ薄切り肉…150g
長ねぎ…1本
にんじん…½本
たけのこ水煮(細切り)…60g
ピーマン…3個

A ┌ ごま油、オイスターソース
  │   …各大さじ1
  │ しょうゆ、鶏ガラスープの素
  │   …各大さじ½
  │ 塩…小さじ¼
  └ こしょう…少々

1 ビーフンは熱湯に4分つけてほぐし、ざるに上げて水でしっかりと冷やす。水けをよくきり、ごま油をからめる。

2 豚肉は4cm幅、長ねぎは斜め薄切り、にんじんは短冊切り、ピーマンは8mm幅の細切りにする。

3 内鍋に**2**のにんじんを先に入れ、豚肉はほぐして、水けをきったたけのこ水煮と交互になるように入れる。**1**、ピーマン、Aの順に加える。まぜ技ユニットをセットする。

スイッチオン！ HW16G・24G／HW16F・24F／HW16E・24E／HW16D／HW24C
手動で作る ➡ 炒める ➡ 2分で加熱する。

HT24B (2.4ℓ)	手動 ➡	煮物2-1 ➡	2分
HT99B／HT16E (1.6ℓ)	手動 ➡	煮物2-1 ➡	2分
HT99A (1.6ℓ)	手動 ➡	煮物1-1 ➡	2分

※ インスタントタイプのビーフンの場合 まぜ技ユニット ※ ※ ※ ※ ※ ※ ※ ※ ※ ※ ※ ※

材料〈2人分〉・作り方

ビーフン(インスタントタイプ)
　　…2パック(130g)
ごま油…大さじ½
豚バラ薄切り肉…150g
長ねぎ…1本
にんじん…½本
たけのこ水煮(細切り)…60g
ピーマン…3個

A ┌ ごま油、オイスターソース…各大さじ1
  │ しょうゆ、鶏ガラスープの素
  │   …各小さじ1
  └ こしょう…少々

1 ビーフンはさっと水(分量外)にくぐらせ、ごま油をからめる。

2 内鍋に上記と同様の順番で材料を入れ、水1½カップ(分量外)を加える。まぜ技ユニットをセットする。

スイッチオン！ HW16G・24G／HW16F・24F／HW16E・24E／HW16D／HW24C
手動で作る ➡ 炒める ➡ 5分で加熱する。

HT24B (2.4ℓ)	手動 ➡	煮物2-1 ➡	5分
HT99B／HT16E (1.6ℓ)	手動 ➡	煮物2-1 ➡	5分
HT99A (1.6ℓ)	手動 ➡	煮物1-1 ➡	5分

まるでフライパンで炒めたようなパラパラのチャーハン。
味ムラもなく、自慢したくなるおいしさです。

焼き豚のチャーハン まぜ技ユニット

材料〈2〜3人分〉・作り方

温かいごはん … 500g（茶碗多めに2杯）
卵 … 2個
焼き豚（市販・薄切り）… 5〜6枚
長ねぎ … 15cm

A
- ごま油 … 大さじ1½
- しょうゆ … 小さじ2
- 鶏ガラスープの素 … 小さじ1
- 塩、こしょう … 各少々

1 長ねぎはみじん切りにする。焼き豚は1.5cm四方に切る。

2 内鍋に温かいごはん、**1**、**A**を入れてさっくりと混ぜる。上に溶いた卵をまわし入れる。まぜ技ユニットをセットする。

スイッチオン！ HW16G・24G／HW16F・24F
手動で作る ➡ 炒める ➡ 5分で加熱する。

3 加熱終了後、手早く混ぜてほぐす。

※ ステンレス鍋の場合 まぜ技ユニット ※ ※ ※ ※ ※ ※ ※ ※ ※ ※

1 内鍋に温かいごはん、卵以外の材料を入れ、まぜ技ユニットをセットする。

スイッチオン！ HW16E・24E／HW16D／HW24C
手動で作る ➡ 炒める ➡ 2分で加熱する。

HT24B (2.4ℓ)	手動 ➡ 煮物2-1 ➡ 2分
HT99B／HT16E (1.6ℓ)	手動 ➡ 煮物2-1 ➡ 2分
HT99A (1.6ℓ)	手動 ➡ 煮物1-1 ➡ 2分

2 加熱終了後、溶いた卵をまわし入れて加熱延長（2分）する。温かいごはんを加えて混ぜる。

One point

卵のこびりつきをさらに防ぎたい場合は、油を大さじ½足してください。

豆腐と野菜がたっぷり入って食べごたえ抜群!
ピリ辛コク旨のスープが体をポカポカに温めてくれます。

担担鍋風中華煮込み

材料 〈4人分〉**・作り方**

豚ひき肉…300g

白菜…⅛株(300g)

もやし…1パック(200g)

長ねぎ…1本

チンゲン菜…1株

木綿豆腐…1丁(400g)

A ┌ みそ…大さじ2
　│ 豆板醤…大さじ1
　│ にんにく、しょうが(すりおろし)
　│ 　…各小さじ1
　│ 練りごま(白)、すりごま(白)
　│ 　…各大さじ3
　└ しょうゆ、砂糖…各大さじ1

B ┌ 鶏ガラスープの素…小さじ2
　└ 水…3カップ

1 長ねぎは斜め切り、白菜はざく切りにする。チンゲン菜は葉と茎に分け、茎は食べやすい大きさに切る。豆腐は8〜10等分に切る。

2 Aとひき肉を混ぜ合わせる。

3 内鍋に長ねぎ、白菜、もやし、チンゲン菜を茎、葉、豆腐を順に入れる。Bを加え、さらに2をのせる。

スイッチ
オン! HW16G・24G／HW16F・24F／HW16E・24E／HW16D／HW24C
手動で作る ➡ 煮物を作る ➡ まぜない ➡ 25分で加熱する。

HT24B (2.4ℓ)	手動 ➡ 煮物2-1	➡ 25分
HT99B／HT16E (1.6ℓ)	手動 ➡ 煮物2-1	➡ 25分
HT99A (1.6ℓ)	手動 ➡ 煮物1-1	➡ 25分

4 器に盛り、お好みでラー油をかける。

One point

チンゲン菜はスイッチが切れた後に加えて加熱延長(5分)すると、歯ごたえが残り、色よく仕上がります。

お店で食べるようなふわとろのやさしい口当たり！
あっという間に作れて、子どもから大人まで喜ばれます。

中華風コーンスープ まぜ技ユニット

材料〈4人分〉・**作り方**

A
┌ コーンクリーム缶…250g
│ 片栗粉…大さじ1
│ 水…3カップ
│ 鶏ガラスープの素…大さじ1
└ 塩、こしょう…各少々
卵…1個

1 内鍋に**A**を上から順に加え、その都度混ぜる。まぜ技ユニットをセットする。

スイッチオン！ HW16G・24G／HW16F・24F／HW16E・24E／HW16D／HW24C
手動で作る➡煮物を作る➡まぜる➡5分で加熱する。

HT24B (2.4ℓ)	手動 ➡ カレー・スープ1-1 ➡ 5分
HT99B／HT16E (1.6ℓ)	手動 ➡ カレー・スープ1-1 ➡ 5分
HT99A (1.6ℓ)	手動 ➡ 煮物1-1 ➡ 5分

2 加熱終了後、溶いた卵をまわし入れ、加熱延長（3分）する。

スーパーで手軽に買えるようになったシャキシャキの空心菜。
ごま油、にんにくのシンプルな味つけでいただきます。

空心菜の塩炒め まぜ技ユニット

材料〈4人分〉**・作り方**

空心菜(またはチンゲン菜)
　…2把(300g)
にんにく…2かけ
ごま油…大さじ1½
A[鶏ガラスープの素…小さじ1
　 塩、こしょう…各少々

1 空心菜は水けをしっかりとふき取り、茎と葉に分け、5〜6cm長さに切る。にんにくは薄切りにする。

2 内鍋ににんにく、ごま油の半量を入れる。空心菜を茎、葉の順に入れ、上から残りのごま油、Aをまわしかける。まぜ技ユニットをセットする。

スイッチオン！ HW16G・24G／HW16F・24F／HW16E・24E／HW16D／HW24C
手動で作る ➡ 炒める ➡ 1分で加熱する。

HT24B (2.4ℓ)	手動 ➡ 煮物2-1 ➡ 1分
HT99B／HT16E (1.6ℓ)	手動 ➡ 煮物2-1 ➡ 1分
HT99A (1.6ℓ)	手動 ➡ 煮物1-1 ➡ 1分

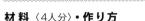

※ ※ 野菜炒めバリエーション ※ ※

刻んだザーサイと花椒がアクセント！

スナップエンドウと
もやしのザーサイ炒め

材料 〈4人分〉・**作り方**

スナップエンドウ
　…15〜20本(100g)
もやし…1パック(200g)
味付きザーサイ(市販・刻む)…30g

A［ ごま油…大さじ1
　 花椒（粒）…小さじ½
ホアジャオ
　 塩、こしょう…各少々 ］

1 スナップエンドウはへたと筋を取る。

2 内鍋にA、スナップエンドウ、もやし、ザーサイを入れる。まぜ技ユニットをセットする。

スイッチ
オン！
HW16G・24G／HW16F・24F／HW16E・24E／HW16D／HW24C
手動で作る ➡ 炒める ➡ 3分で加熱する。

HT24B (2.4ℓ)	手動 ➡	煮物2-1 ➡	3分
HT99B／HT16E (1.6ℓ)	手動 ➡	煮物2-1 ➡	3分
HT99A (1.6ℓ)	手動 ➡	煮物1-1 ➡	3分

干しえびの旨みがおいしさアップの秘訣！

チンゲン菜の
オイスターソース炒め

材料 〈4人分〉・**作り方**

チンゲン菜…4株
干しえび…10g

A［ ごま油…大さじ1
　 オイスターソース…大さじ1½
　 鶏ガラスープの素…小さじ1弱
　 塩、こしょう…各少々 ］

1 干しえびは水に5分つけてもどし、水けをきる。チンゲン菜は葉と茎に分け、ざく切りにする。

2 内鍋にA、チンゲン菜の茎、干しえび、チンゲン菜の葉を順にのせる。まぜ技ユニットをセットする。

スイッチ
オン！
HW16G・24G／HW16F・24F／HW16E・24E／HW16D／HW24C
手動で作る ➡ 炒める ➡ 2分で加熱する。

HT24B (2.4ℓ)	手動 ➡	煮物2-1 ➡	2分
HT99B／HT16E (1.6ℓ)	手動 ➡	煮物2-1 ➡	2分
HT99A (1.6ℓ)	手動 ➡	煮物1-1 ➡	2分

Part 2

ほっこりしあわせ♡
アジアの
スイーツ&ドリンク

マンゴープリンや豆花のひんやりスイーツ、
モチッとおいしいタピオカミルクティー、
ふわふわな台湾風カステラなど、
しあわせな気分にしてくれるスイーツ&ドリンク。
どれもポイントさえ押さえれば、
ホットクックで失敗なく作れます。

マンゴーの甘酸っぱさとココナッツミルクの風味が相性抜群！
手作りならではのフレッシュな味わいを堪能してください。

マンゴープリン

材料〈5〜6個分〉**・作り方**
マンゴーピューレ … 400g
水 … ¾カップ
粉ゼラチン … 10g
グラニュー糖（または砂糖）… 80g
ココナッツミルク … ¼カップ
生クリーム（乳脂肪分35%以上）
　　… ¼カップ

1 内鍋に水を入れ、粉ゼラチンをふり入れて混ぜる。ココナッツミルク、生クリーム、グラニュー糖を加えて混ぜる。

スイッチオン！ HW16G・24G／HW16F・24F／HW16E・24E／HW16D／HW24C
手動で作る ➡ 発酵・低温調理をする ➡ 65℃ ➡ 3分で加熱する。

| HT24B(2.4ℓ) | 手動 ➡ 発酵6 ➡ 65℃ ➡ 3分 |
| HT99B／HT16E(1.6ℓ) | 手動 ➡ 発酵6 ➡ 65℃ ➡ 3分 |

※HT99A（1.6ℓ）の機種には対応キーがありません。

2 加熱終了後、ゴムベラでよく混ぜ、マンゴーピューレを加えて混ぜる。

3 グラスやデザートカップに**2**を等分に注ぎ入れる。ラップをかけて冷蔵庫で4時間以上冷やしかためる。お好みで角切りの生のマンゴーをのせる。

One point
ココナッツミルクがない場合は、すべて生クリームで作ってもOK！

あると違う！

マンゴーピューレ
マンゴーピューレは砂糖が入っていない、酸味と甘味のバランスがいい果実100%のタイプがおすすめ。生のマンゴーの果肉や冷凍を解凍したものをフードプロセッサーにかけても作れます。

❀ **これでおいしさアップ！**
マンゴーピューレ100gに砂糖小さじ1〜2を混ぜたソースをかけたり、バニラアイスクリームをのせてもおいしいです。

濃厚で
ふるふるの口当たり!

モチッとしたタピオカに濃いめにいれたミルクティーがマッチ！

黒糖タピオカミルクティー まぜ技ユニット

材料〈4人分〉・作り方

タピオカ（黒）…80g
水…4カップ
紅茶のティーバッグ（アッサムなど
　濃いめに出るもの）…4個
A ┌ 水…2カップ
　└ 黒砂糖…大さじ7〜8
氷、牛乳…各適量

One point

黒砂糖を入れずに、最後に黒蜜を入れてもOK。タピオカは時間がたつとかたくなるのでできるだけ早めに食べて。

1 タピオカは洗って水けをきり、内鍋に入れて分量の水を加える。まぜ技ユニットをセットする。

スイッチオン！ HW16G・24G／HW16F・24F／HW16E・24E／HW16D／HW24C
手動で作る ➡ 煮物を作る ➡ まぜる ➡ 1時間で加熱する。

HT24B (2.4ℓ)	手動 ➡ 煮物2-1 ➡ 1時間
HT99B／HT16E (1.6ℓ)	手動 ➡ 煮物2-1 ➡ 1時間
HT99A (1.6ℓ)	手動 ➡ 煮物1-1 ➡ 1時間

＊タピオカ1個を取り出して冷水にとり、芯がかたくなければOK。かたい場合は加熱延長（10〜20分）する。

2 1をざるに上げて冷水にとり、氷水でよく冷やして水けをきる。

3 内鍋をさっと洗い、A、持ち手の紙部分を切り、紅茶をティーバッグごと入れる。

スイッチオン！ HW16G・24G／HW16F・24F／HW16E・24E／HW16D／HW24C
手動で作る ➡ 煮物を作る ➡ まぜる ➡ 2分で加熱する。

HT24B (2.4ℓ)	手動 ➡ 煮物2-1 ➡ 2分
HT99B／HT16E (1.6ℓ)	手動 ➡ 煮物2-1 ➡ 2分
HT99A (1.6ℓ)	手動 ➡ 煮物1-1 ➡ 2分

4 ティーバッグを取り出して、グラスに紅茶を⅓程度まで等分に入れ、2を1人分につき大さじ2〜3加える。氷をたっぷりと入れ、牛乳を注ぐ。

小さなタピオカとフルーツ、
ココナッツミルクを合わせた
香港で定番のデザートスープ。

楊枝甘露
ヨンジーガムロ

〔まぜ技ユニット〕

材料〈4人分〉・作り方

タピオカ（ミニ・白）…50g

マンゴー（冷凍または生・1.5cm角に切る）
　…1個（150g）

グレープフルーツ（実を細かくほぐす）
　…1個

A ┌ 水…¾カップ
　└ 砂糖…50g

B ┌ ココナッツミルク…¼カップ
　│ マンゴーピューレ
　│　…200g（生や冷凍のピューレでも可）
　└ コンデンスミルク…大さじ2

タピオカの芯が1割ほど残っ
ている状態。

1 内鍋に**A**を入れ、まぜ技ユニットをセットする。

スイッチオン！ HW16G・24G／HW16F・24F／HW16E・24E／HW16D／HW24C
手動で作る ➡ 煮物を作る ➡ まぜる ➡ 2分で加熱する。

HT24B（2.4ℓ）	手動 ➡ 煮物2-1	2分
HT99B／HT16E（1.6ℓ）	手動 ➡ 煮物2-1	2分
HT99A（1.6ℓ）	手動 ➡ 煮物1-1	2分

2 保存容器に移して粗熱がとれたら、**B**を混ぜ、冷蔵庫で冷やす。

3 **1**の内鍋をさっと洗い、水4カップ（分量外）を入れる。

スイッチオン！ HW16G・24G／HW16F・24F／HW16E・24E／HW16D／HW24C
手動で作る ➡ めんをゆでる ➡ 10分で加熱する。

HT24B（2.4ℓ）	手動 ➡ めん類5	10分
HT99B／HT16E（1.6ℓ）	手動 ➡ めん類5	10分
HT99A（1.6ℓ）	手動 ➡ めんゆで4	10分

4 報知音が鳴って湯が沸いたら、取り消しを押す。タピオカを洗わずに沸騰した湯の中に加える。

スイッチオン！ HW16G・24G／HW16F・24F／HW16E・24E／HW16D／HW24C
手動で作る ➡ スープを作る ➡ まぜない ➡ 10分で加熱する。

HT24B（2.4ℓ）	手動 ➡ カレー・スープ1-2	10分
HT99B／HT16E（1.6ℓ）	手動 ➡ カレー・スープ1-2	10分
HT99A（1.6ℓ）	手動 ➡ 煮物1-2	10分

5 加熱終了後、ふたをしたまま8〜10分、タピオカの全体が9割ほど透明になり、白い芯が1割ほど残るまでおく。ざるに上げて冷水にとり、氷水でよく冷やして水けをきる。**2**に加え、マンゴーとグレープフルーツも加えて冷蔵庫でよく冷やす。翌日まで保存可能。

「チェー」とは甘く煮た豆や寒天、タピオカ、フルーツに
ココナッツミルクを合わせたベトナムの伝統的なデザート。

チェー

材料〈作りやすい分量〉・**作り方**
小豆のシロップ煮
［ 小豆(乾燥)…100g
└ 砂糖…80g
緑豆のシロップ煮
［ 緑豆(乾燥)…100g
└ 砂糖…80g
　　＊ない場合は小豆だけでOK
　［ ココナッツミルク …1カップ
A　水 …½カップ
　└ 砂糖 …大さじ3
寒天ゼリー(下記参照)、
　タピオカ(黒・カラフル/p.86の作り方
　1と2参照)、クラッシュ氷 …各適量

あると違う！
緑豆
小豆に似た緑色の小さな豆。味にクセ
がないので、ベトナムや台湾などではス
イーツに使われるほか、スープや煮込み
料理にも向いています。

1 小豆のシロップ煮を作る。小豆は洗って内鍋
に入れ、水3カップ(分量外)を加える。

スイッチオン！
HW16G・24G／HW16F・24F／HW16E・24E／HW16D／HW24C
手動で作る➡煮物を作る➡まぜない➡10分で加熱する。

HT24B (2.4ℓ)	手動 ➡ 煮物2-2 ➡ 10分
HT99B／HT16E (1.6ℓ)	手動 ➡ 煮物2-2 ➡ 10分
HT99A (1.6ℓ)	手動 ➡ 煮物1-2 ➡ 10分

2 一度湯を捨てて、内鍋にゆでこぼした小豆を
戻し入れ、新しい水2カップ(分量外)を加える。

スイッチオン！
HW16G・24G／HW16F・24F／HW16E・24E／HW16D／HW24C
手動で作る➡煮物を作る➡まぜない➡30分で加熱する。

HT24B (2.4ℓ)	手動 ➡ 煮物2-2 ➡ 30分
HT99B／HT16E (1.6ℓ)	手動 ➡ 煮物2-2 ➡ 30分
HT99A (1.6ℓ)	手動 ➡ 煮物1-2 ➡ 30分

3 2に砂糖を加え、加熱延長(5分)する。保存
容器に入れ、粗熱がとれたら冷蔵庫で冷や
す。緑豆のシロップ煮も同様に手動で10分煮
てゆでこぼし、新しい水を加えて10分煮る。
砂糖を加えて味をしみ込ませる。

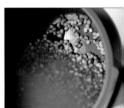

4 Aはよく混ぜ合わせ、冷蔵庫で冷やしておく。

5 グラスやカップに3、1〜2cm角に切った寒天
ゼリー、タピオカを等分に入れ、4を注ぐ。上
にクラッシュ氷をのせ、混ぜながら食べる。

※ 寒天ゼリー・色付き寒天ゼリー ※ まぜ技ユニット

材料〈作りやすい分量〉・**作り方**
寒天ゼリー
［ 粉寒天 …2g
└ 水 …1½カップ
色付き寒天ゼリー
［ 粉寒天 …2g
　水 …1カップ
　かき氷シロップ(ブルーハワイ、メロン、
└ いちごなど) …½カップ

1 寒天ゼリーを作る。水に粉寒天を入れてよく混ぜ、
内鍋に入れる。まぜ技ユニットをセットする。

スイッチオン！
HW16G・24G／HW16F・24F／HW16E・24E／HW16D／HW24C
手動で作る➡煮物を作る➡まぜる➡2分で加熱する。

HT24B (2.4ℓ)	手動 ➡ 煮物2-1 ➡ 2分
HT99B／HT16E (1.6ℓ)	手動 ➡ 煮物2-1 ➡ 2分
HT99A (1.6ℓ)	手動 ➡ 煮物1-1 ➡ 2分

2 保存容器に移し、冷蔵庫で冷やしかためる。

3 色付き寒天ゼリーを作る。水に粉寒天を入れてよく
混ぜる。かき氷シロップも加えてよく混ぜ、内鍋に
入れる。寒天ゼリーと同様に手動で2分煮る。同様
に冷蔵庫で冷やしかためる。

ぜんざいとかき氷の
いいとこ取り！

シロップ作りも
ホットクックにおまかせ！

豆腐と豆乳のやさしい味わいの台湾王道スイーツ。
口の中でとろける食感は今までにない口当たりです。

豆花
（トウファ）
まぜ技ユニット

材料〈作りやすい分量〉・作り方

絹ごし豆腐 … 100g
無調整豆乳 … 2カップ
さとうきび糖（または砂糖）… 大さじ2
水 … ¼カップ
粉ゼラチン … 5g

シロップ
┌ さとうきび糖 … 50g
│ 水 … ¾カップ
│ しょうが汁（しょうがをすりおろして汁を絞る）
└ … 小さじ1〜3

トッピング
┌ 小豆のシロップ煮（p.88参照）、
│ マンゴー（角切り）、タピオカ、
│ ピーナッツのシロップ煮（下記参照）
└ … 各適量

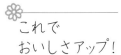

これでおいしさアップ！

容器に移すときにざるでこしながら入れると、よりなめらかな口当たりになります。

1 シロップを作る。内鍋にシロップ用の材料を入れて混ぜる。まぜ技ユニットをセットする。

スイッチオン！ HW16G・24G／HW16F・24F／HW16E・24E／HW16D／HW24C
手動で作る ➡ 煮物を作る ➡ まぜる ➡ 1分で加熱する。

HT24B (2.4ℓ)	手動 ➡ 煮物2-1 ➡ 1分
HT99B／HT16E (1.6ℓ)	手動 ➡ 煮物2-1 ➡ 1分
HT99A (1.6ℓ)	手動 ➡ 煮物1-1 ➡ 1分

2 加熱終了後、取り出して冷まし、粗熱がとれたら冷蔵庫で冷やしておく。

3 豆腐はヘラなどで丁寧につぶし、豆乳の半量を混ぜる。

4 2のシロップを取り出した内鍋に分量の水を入れ、粉ゼラチンをふり入れてよく混ぜる。3、さとうきび糖を加えて混ぜる。

スイッチオン！ HW16G・24G／HW16F・24F／HW16E・24E／HW16D／HW24C
手動で作る ➡ 発酵・低温調理をする ➡ 50℃ ➡ 3分で加熱する。

| HT24B (2.4ℓ) | 手動 ➡ 発酵6 ➡ 50℃ ➡ 3分 |
| HT99B／HT16E (1.6ℓ) | 手動 ➡ 発酵6 ➡ 50℃ ➡ 3分 |

※HT99A（1.6ℓ）の機種には対応キーがありません。

5 加熱終了後、よく混ぜ、残りの豆乳も加えてさらに混ぜる。容器に移して冷蔵庫で4時間以上冷やす。

6 器に5をスプーンですくって盛り、2をかける。お好みのトッピングをのせる。

❈ ピーナッツのシロップ煮 ❈ ❈ ❈ ❈ ❈ ❈ ❈

材料〈作りやすい分量〉・作り方

ピーナッツ（無塩）… 100g
水 … ¾カップ
砂糖 … 50g

1 ピーナッツはさっと洗い、水、砂糖と一緒に内鍋に入れる。

スイッチオン！ HW16G・24G／HW16F・24F／HW16E・24E／HW16D／HW24C
手動で作る ➡ 煮物を作る ➡ まぜない ➡ 15分で加熱する。

HT24B (2.4ℓ)	手動 ➡ 煮物2-2 ➡ 15分
HT99B／HT16E (1.6ℓ)	手動 ➡ 煮物2-2 ➡ 15分
HT99A (1.6ℓ)	手動 ➡ 煮物1-2 ➡ 15分

2 保存容器に移し、粗熱がとれたら冷蔵庫で冷やす。

卵、バター、牛乳、砂糖、薄力粉で作れる人気のカステラ！
焼きたてはもちろん、冷やして食べてもおいしいです。

台湾風カステラ

材料〈内鍋1個分〉・作り方

卵 …3個
無塩バター（または太白ごま油）…50g
牛乳 …40㎖
砂糖 …90g
薄力粉 …70g

下準備

・薄力粉はふるう。
・卵は卵黄と卵白に分ける。
・バターは1㎝角に切る。

> メレンゲがつぶれてしまうと生地が
> ふんわりふくらまなくなるので、やさ
> しく気をつけながら混ぜてください。

> フッ素コート内鍋の場合、鍋に油を
> 塗って直接、生地を入れて加熱でき
> ますが、しぼみやすいのでオーブン
> シートを敷くのがおすすめです。

1 内鍋に牛乳、バターまたは太白ごま油を入れる。

スイッチオン！ HW16G・24G／HW16F・24F／HW16E・24E／HW16D／HW24C
手動で作る ➡ 発酵・低温調理をする ➡ 50℃ ➡ 1分で加熱する。

| HT24B (2.4ℓ) | 手動 ➡ 発酵6 ➡ 50℃ ➡ 1分 |
| HT99B／HT16E (1.6ℓ) | 手動 ➡ 発酵6 ➡ 50℃ ➡ 1分 |

※HT99A (1.6ℓ) の機種には対応キーがありません。
＊バターの場合、溶けていなければ溶けるまで混ぜる。

2 **1**をいったんボウルに移し、泡立て器で混ぜる。薄力粉を一気に加え、泡立て器で手早く混ぜ、卵黄も加えてよく混ぜる。

3 内鍋はペーパータオルで汚れを軽くふき取り、オーブンシートを敷く。

4 別のボウルに卵白を入れ、泡立て器で1分ほど混ぜる。砂糖を2回に分けて加えて泡立て、角がやわらかめに立つ程度までしっかりと泡立てる。

5 **2**に**4**（メレンゲ）の⅓量を加え、泡立て器で混ぜる。混ぜ終わったら、今度は残りの**4**のボウルに加え、ボウルをまわすようにしてゴムベラでメレンゲをつぶさないよう、均一になるまで混ぜる。

6 内鍋に**5**を流し入れ、軽く空気を抜くようにして1〜2回、布巾などを敷いた台に5㎝高さから落とす。

スイッチオン！ HW16G・24G／HW16F・24F
メニューを選ぶ ➡ カテゴリーで探す ➡ お菓子・その他 ➡ スポンジケーキ で加熱する。

スイッチオン！ HW16E・24E／HW16D／HW24C
メニューを選ぶ ➡ カテゴリーで探す ➡ お菓子 ➡ スポンジケーキ で加熱する。

HT24B (2.4ℓ)	自動 ➡ お菓子7-1
HT99B／HT16E (1.6ℓ)	自動 ➡ お菓子7-1
HT99A (1.6ℓ)	自動 ➡ お菓子6-1

途中でふたを開けないで加熱する。内鍋からオーブンシートごと取り出して切り分ける。

One point

焼き上がりは少ししぼみますが、できるだけ早めに食べるとふわふわ食感が楽しめます。冷やしてホイップクリームをのせてアレンジしても◎。

ついつい手がのびる
懐かしい味わい♡

できたてはふわふわ！
時間がたつとしっとり！

さとうきび糖と豆乳で作る中華風蒸しパンです。
やさしい味わいなので朝食にもおすすめです。

マーラーカオ

材料〈内鍋1個分〉•作り方
卵 … 3個
さとうきび糖 … 100g
無調整豆乳 … 90㎖
ラード … 50g
重曹 … 小さじ½
ベーキングパウダー … 小さじ1
薄力粉 … 150g

下準備
・重曹、ベーキングパウダー、薄力粉は合わせてふるう。
・耐熱容器にラードを入れ、ラップをかけずに電子レンジで30秒加熱して溶かす。
・内鍋に薄く油(分量外)を塗る。

1 ボウルに卵を割りほぐし、泡立て器で混ぜる。砂糖を加えてよく混ぜ、豆乳、ラード、粉類の順に混ぜる。

粉類を入れたら混ぜすぎないよう注意。

2 内鍋に1を入れる。

スイッチオン！ **HW16G•24G／HW16F•24F**
メニューを選ぶ ➡ カテゴリーで探す ➡ お菓子•その他 ➡ スポンジケーキ で加熱する。

スイッチオン！ **HW16E•24E／HW16D／HW24C**
メニューを選ぶ ➡ カテゴリーで探す ➡ お菓子 ➡ スポンジケーキ で加熱する。

HT24B (2.4ℓ)	自動 ➡ お菓子7-1
HT99B／HT16E (1.6ℓ)	自動 ➡ お菓子7-1
HT99A (1.6ℓ)	自動 ➡ お菓子6-1

※HW16G•24G／HW16F•24F以外の機種で作る場合、内鍋を「フッ素コート内鍋」に替えてください。

One point
粉類をふるいながら入れて生地を作るとダマになるので、必ず準備してから作り始めてください。

※ ステンレス鍋の場合 ※※※※※※※※※※

材料〈内鍋1個分〉•作り方

1 内鍋に水1カップ(分量外)を入れ、蒸し板をのせる。蒸し板に2枚のオーブンシートを交互に重ねるようにして型を作る。

2 上記と同様の生地を作り、オーブンシートの中に流し込む。

スイッチオン！ **HW16E•24E／HW16D／HW24C**
手動で作る ➡ 蒸す ➡ 30分で加熱する。

※HW24Cのみ、「蒸し板を使って蒸す」というキー名称になります。

HT24B (2.4ℓ)	手動 ➡ 蒸し物4 ➡ 30分
HT99B／HT16E (1.6ℓ)	手動 ➡ 蒸し物4 ➡ 30分
HT99A (1.6ℓ)	手動 ➡ 蒸し物2 ➡ 30分

One point
自動調理メニューの「ケーキキー」で作るより、ふわふわに仕上がるのでおすすめです。

あると違う！

ラード
サラダ油でも作れますが、ラードを加えることでコクとサックリ感が増して、より本格的な味わいに。余ったラードはチャーハンや焼きそば、炒め物の油代わりに使えます。

阪下千恵
Chie Sakashita

料理研究家・栄養士。大手外食企業、食品宅配会社を経て独立。子育ての経験を活かした、作りやすくて栄養バランスのよい料理が好評を博し、現在、NHK「あさイチ」などのメディア出演をはじめ、書籍、雑誌、企業販促用のレシピ開発、食育講演会講師など多岐にわたり活躍中。著書に『火も包丁も使わない！はじめてのお料理BOOK 楽チンしっかりおかず編』『火も包丁も使わない！はじめてのお料理BOOK 楽チンきちんとごはん編』『おとなのごはんと一緒に作れる 子どものお弁当』（いずれも日東書院本社）、『野菜たっぷり大量消費レシピ304』『決定版 朝つめるだけ！作りおきのやせる！お弁当389』『おいしすぎてほめられる！料理のきほんLesson』『はじめてママもこれならできる！園児のかわいいおべんとう』（いずれも新星出版社）、『一生使える！野菜のおかず事典300』『1～3分煮るだけ！やせるスープジャー弁当100』いずれも学研プラス）、『友チョコもあこがれスイーツも！はじめてのお菓子レッスンBOOK』（朝日新聞出版）、『キッチンがたった1日で劇的に片づく本』（主婦と生活社）など多数。夫、2004年、2009年生まれの2人の女の子との4人家族。

YouTubeチャンネル『**MIKATA KITCHEN**』公開中
https://www.youtube.com/channel/UC3U7ukQOVvoBAgVVuGLqAIQ

ホットクックで作る
ときめきアジアごはん

2021年12月25日　初版第1刷発行

著　者　阪下千恵
発行者　廣瀬和二
発行所　株式会社日東書院本社
　　　　〒113-0033
　　　　東京都文京区本郷1-33-13　春日町ビル5F
　　　　TEL：03-5931-5930（代表）
　　　　FAX：03-6386-3087（販売部）
　　　　URL http://www.TG-NET.co.jp
印刷所　三共グラフィック株式会社
製本所　株式会社ブックアート

企画・進行　鏑木香緒里
アートディレクション・デザイン　成田由弥（moca graphics*）
撮影　松島　均
スタイリング　鈴木亜希子
調理アシスタント　宮田澄香　岩間明子　大櫛千文
校正　高柳涼子
構成・編集　倉橋利江

撮影協力　UTUWA

【読者の皆様へ】
本書の内容に関するお問い合わせは、
お手紙 またはメール：info@TG-NET.co.jp にて承ります。
恐縮ですが、お電話でのお問い合わせはご遠慮ください。